비즈니스 리더의 AI

인공지능총서

인공지능 시대입니다. 기계가 인간의 인지를 대신하고, 사물이 인간을 통하지 않고 다른 사물과 직접 커뮤니케이션합니다. 이에 따른 인간 삶과 문명 변화를 정확히 이해·예측·대응하는 것은 이 시대 우리 모두의 과제입니다. 인공지능총서는 인공지능 기술과 환경의 여러 주제를 10가지 키워드로 정리합니다. 관련 개념과 이론, 학계와 산업계의 쟁점, 우리 일상의 변화를 다룹니다. 인간과 기술의 현재, 미래를 세심히 분석합니다.

일러두기

- 인명, 작품명, 저서명, 개념어 등은 한글과 함께 괄호 안에 해당 국가의 원어를 병기했습니다.
- 외래어 표기는 현행 어문규정의 외래어표기법을 따랐습니다.

처음이세요?

전문가세요?

비즈니스 리더의 AI

천동필

대한민국, 서울, 커뮤니케이션북스, 2025

비즈니스 리더의 AI

지은이 천동필
펴낸이 박영률

초판 1쇄 펴낸날 2025년 7월 29일

커뮤니케이션북스(주)
출판 등록 2007년 8월 17일 제313-2007-000166호
02880 서울시 성북구 성북로 5-11
전화(02) 7474 001, 팩스(02) 736 5047
commbooks@commbooks.com
www.commbooks.com

ISBN 979-11-430-0472-7 03500

책값은 뒤표지에 표시되어 있습니다.

차례

AI, 당신의 가장 강력한 생각 파트너

기술의 발전 속도는 빠르거나 때로는 느릴 수 있다. 급진적 혁신은 기존의 혁신 경로에서 벗어난 획기적인 진보에 따른 혁신이며, 이에 못 미치는 혁신은 근본적인 변화보다 기존 기술의 개선 또는 보완적인 혁신이다(Garcia & Calantone, 2002).

일반적으로 혁신의 확산은 적절한 단계와 시간이 요구된다. 사회가 혁신의 결과를 받아들이기까지는 지식의 습득, 설득, 결정, 실행의 단계가 필요하다. 그 단계는 S자 곡선을 형성하며, 초기에는 느리게 진행되다가, 임계점 이후 급격히 확산하는 특징이 있다(Rogers, 2003). 급진적 혁신은 고객의 학습에 시간이 걸리고, 기존의 서비스와 경로가 다르기에 더 시간이 걸릴 수 있다.

우와 머기(Woo & Magee, 2017)는 18개 기술의 확산 패턴을 분석해 혁신의 확산 과정에서 기술의 개선이 빠르게 일어나는 경우, 확산 속도가 빨라질 수 있다고 주장했다. 오늘날의 AI가 이 패턴이다. 기반 지식의 축적은 오랫동안 정부 주도로 이뤄졌고, 초기 사업화는 미국의 빅테크 기업을 중심으로 엄청난 투자에 힘입어 빠르게 진행되었다. 현재는 전 세계 정부와 민간 모두 막대한 규모의 투자와 기반 인프라(데이터 등) 제공에 발 벗고 나서고 있다. 기술의 발전과 함께 고객의 수용도 매우 빠르게 증가했다. 챗지피티(ChatGPT)는 단 5일 만에 고객 100만 명, 2개월 만에 고객 1억 명에 도달했다. 페이스북(Facebook)이 10개월 만에 고객 백만 명, 4년 6개월 만에 1억 명에 도달한 것에 비해 엄청난 속도다(AIRPM, 2024). 불과 몇 년 전만 해도 상상 속에서나 존재했던 기술이 오늘날 우리의 일상과 비즈니스 현장에 깊숙이 파고들었다.

우리는 지금 인공지능(AI)이 일상과 비즈니스 풍경을 근본적으로 바꾸는 시대의 한복판에 서 있다. 과거 공상과학 영화에서 보았던 AI가 이제 우리의 일상 업무와 의사결정 과정에서 뿐 아니라 창의성의 영역에서도 혁신과 새로운 가능성의 문을 활짝 열고 있다. 동시에 이러한 변화의 물결 속에서 AI를 어떻게 받아들이고 활용해야 할지에 대한 고민 또한 깊어지고 있다.

이 책은 AI를 단순한 도구나 보조 수단을 넘어, 복잡한 문제 해결과 혁신적인 아이디어 발상을 함께하는 '생각 파트너'로 바라보는 새로운 관점을 제시한다(Farri &

Rosani, 2025). AI 패러다임이 진화함에 따라, 우리는 AI와 어떻게 효과적으로 협력하고 공진화할 수 있을지를 탐구해야 한다. 본서는 글로벌 학계에서 주목하는 '생각 파트너로서의 AI' 개념을 중심으로, 비즈니스 리더와 기업가들이 AI 시대를 주도적으로 헤쳐 나갈 수 있는 통찰과 실질적인 방법론을 담고자 노력했다.

왜 지금 한국에 이 책이 필요한가

과거 AI가 특정 전문가나 대기업의 전유물처럼 여겨지던 시대를 지나, 이제 AI는 모든 비즈니스 리더에게 필수적인 '생각 파트너'로 다가왔다. 최근 엔비디아(NVIDIA)의 젠슨 황, 오픈AI(OpenAI)의 샘 올트먼, 마이크로소프트(Microsoft)의 사티아 나델라, 링크드인(LinkedIn)의 리드 호프먼 등 AI 산업의 글로벌 오피니언 리더들은 AI에 대해 다양한 생각을 표명하고 있지만 AI가 창의성과 생산성을 높이는 '사고의 증폭기'라는 데에 모두 동의하고 있다.

이러한 변화는 글로벌 비즈니스 환경 전반에서 관찰되며, 세계 유수의 전문 기관 보고서와 학술 연구들은 이미 AI 도입 및 활용 능력이 기업과 국가의 미래 경쟁력을 가르는 핵심 지표가 될 것임을 강조하고 있다.

특히 한국 사회와 비즈니스 환경은 AI 활용에서 특징과 과제를 안고 있다. 수도권에 집중된 전문 서비스 접근성 문제, 중소기업과 소상공인의 상대적 자원 부족, 그리고 디지털 전환 속에서 발생하는 세대 간, 지역 간 정보 격차는 한국 비즈니스의 지속 가능한 성장과 직결된 중요한 문제다.

하지만 안타깝게도 아직도 많은 이들이 AI를 자신과는 동떨어진, 또는 기대보다는 불안의 시선으로 바라보고 있다(Faverio & Tyson, 2023). 이러한 인식과 정보 부족은 비즈니스 환경 변화에 대한 준비 부족으로 이어지고, 결국 도태의 위험에 처하게 만든다. 이제는 AI 활용을 '잘하는 것'이 아닌 '적극적으로 시작하는 것' 자체가 생존과 새로운 기회 포착의 열쇠가 되었다. 주저하거나 외면하는 순간, 변화의 물결에서 뒤처질 수밖에 없다. 바로 이러한 시대적 요구와 현장의 목소리에 응답하고자 이 책을 집필했다.

이 책은 어떤 내용을 다루는가

이 책은 AI가 더 이상 어렵고 먼 기술이 아니라, 여러분 각자의 비즈니스 현장에서 즉시 활용할 수 있는 가장 가까운 생각 파트너임을 보여 주고자 한다.

첫 장에서는 급변하는 AI 패러다임의 본질을 파헤치며, 우리가 AI를 어떻게 인식하고 접근해야 하는지에 대한 근본적인 질문을 던진다. 이어 AI 도입과 활용에서 발생하는 정보 격차 문제(2장)와 한국의 AI 활용 현황 및 정보 격차(3장)를 살펴봄으로써, 모두가 기술 발전의 혜택을 누리기 위한 과제와 사회 전체의 경쟁력 강화 방안을 모색한다.

이러한 현실 인식을 바탕으로, '기업가의 시대'(4장)에 AI가 비즈니스 리더들에게 어떤 기회를 제공하는지 탐색한다. 아이디어를 발굴하고(5장), 생성형 AI와 특허 데이터를 결합하여 시장의 숨은 기회를 포착하며(6장), 시장 적합성을 갖춘 비즈니스 아이디어를 구체화하는(7장) 전 과정에서 AI가 어떻게 당신의 창의적 동반자이자 전략적 조언자가 될 수 있는지 보여 준다.

특히 자원과 인력이 부족한 중소기업 리더들에게 AI는 더욱 강력한 힘이 될 수 있다. 복잡다단한 경영 환경 속에서 신속하고 정확한 의사결정을 내려야 하는 리더들을 위해 AI가 어떻게 신뢰할 수 있는 '경영 의사결정 생각 파트너'(8장) 역할을 수행하는지, 나아가 고객, 투자자, 비판자 등 다양한 역할을 수행하며 외로운 리더십을 보완하는 '역할 플레이 파트너'(9장) 로서의 가능성을 생생한 사례와 프롬프트 예시를 통해 제시한다.

궁극적으로 이 책은 '비즈니스 리더와 AI의 공진화'(10장)를 지향한다. AI를 활용한 프롬프트 기반의 사고 구조화와 실행 방안을 통해, 독자 여러분이 리더십과 의사결정 역량을 한층 강화하고, 기업가 정신을 새롭게 정의하며 AI와 함께 성장하는 미래를 설계하도록 돕고자 한다.

독자에게 전하고 싶은 메시지

이 책은 복잡한 기술 용어보다는 비즈니스 현장의 언어로 AI 활용의 본질을 풀어내고자 노력했다. 일반 대중을 포함해, 스타트업 리더, 중소기업 및 소상공인 대표, 지역에서 고군분투하는 비즈니스 참여자, 그리고 미래를 준비하는 모든 잠재적 리더가 AI를 두려움 없이 받아들이고 자신의 가장 강력한 무기로 삼을 수 있도록 구체적인 방법과 영감을 제공할 것이다.

핵심은 '시작'이다. 기술의 발전으로 오히려 AI가 특수한 계층의 무기가 아닌 누구나의 생각 파트너가 되었다는 것을 느끼고, 이 책을 덮는 순간, '아, 나도 AI와 함께 내 비즈니스를 시작하거나 발전시킬 수 있겠구나!'라는 확신을 가지고 곧바로 AI를 활용한 첫걸음을 내딛게 되기를 바란다. 마음의 준비가 반, 시작이 칠할 이상이다.

이 책이 여러분의 비즈니스 여정에 AI라는 강력한 동반자를 더하고, 새로운 기회를 발견하며 지속 가능한 성장을 이루는 데 의미 있는 이정표가 되기를 진심으로 바란다.

참고문헌

AIRPM(2024). "100+ ChatGPT statistics 2024".
https://www.aiprm.com/chatgpt-statistics/

Farri, E. & Rosani, G.(2025). *HBR guide to generative AI for managers*. Harvard Business Review Press.

Faverio, M. & Tyson, A.(2023.11.21). What the data says about Americans' views of artificial intelligence. Pew Research Center.
https://www.pewresearch.org/short-reads/2023/11/21/what-the-data-says-about-americans-views-of-artificial-intelligence/

Garcia, R. & Calantone, R.(2002). A critical look at technological innovation typology and innovativeness terminology: a literature review. *Journal of product innovation management, 19*(2), pp.110~132.

Rogers, E. M.(2003). *Diffusion of innovations*(5th ed.). Free Press.

Woo, J. & Magee, C. L.(2017). Exploring the relationship between technological improvement and innovation diffusion: An empirical test. *arXiv*, arXiv:1704.03597.
https://arxiv.org/abs/1704.03597

01
AI 패러다임 변화

AI는 우리의 업무와 생활 속에 이미 깊숙이 자리 잡고 있다. 우리는 AI를 어떻게 바라보고 있을까? 바라보는 시선에 따라 접근이 달라질 수 있다. AI 패러다임이 변화하고 있다. 기존에 우리가 바라보았던 도구, 보조, 공동 작업자로서의 AI의 역할은 뚜렷한 과업, 결과물의 산출을 목적으로 한다. 이에 한 걸음 더 나아가 최근 글로벌 학계는 효과적이고 효율적인 의사결정을 함께 하는 생각 파트너로서의 AI에 주목하고 있다.

AI와 1인 창업?

AI에 대한 대중의 시선

AI는 현대 사회에서 다양한 산업과 일상생활에 걸쳐 필수적인 존재로 자리 잡고 있다. AI는 단순히 특정 작업을 자동화하거나 반복적인 업무를 처리하는 것을 넘어, 창의적이고 복잡한 문제 해결을 지원하며 인간의 역량을 보완하는 역할을 수행하고 있다. 그 역할이 확대되고 있다.

1980년대 사무실에서 컴퓨터는 예쁜 계산기, 즉 숫자를 계산하는 값비싼 도구에 불과했다. 2022년 11월 오픈AI의 챗지피티 출시 이후 대중의 인식과 AI 패러다임은 급격히 변화하고 있다.

패리와 로사니(Farri & Rosani, 2025a)는 AI가 도구, 보조, 공동 작업자에서 생각 파트너로 패러다임이 변화하고 있다고 본다.

도구로서의 AI

우리가 AI를 도구로 활용하는 것은 1차~3차 산업혁명의 경험에서 기인한다. 증기기관과 방직기 같은 1차 산업혁명을 대표하는 초기 산업 도구는 순전한 기계적인 보조를 통한 생산성 극대화에 초점이 맞춰져 있었다. 전기화와 조립 설비로 대변되는 2차 산업혁명에서 다시 한 번

대량생산을 기반으로 생산성의 급증을 경험했지만, 여전히 기계는 인간의 순종적인 하인의 역할을 담당했다. 컴퓨터와 정보통신 기술로 대변되는 3차 산업혁명은 자동화와 소프트웨어의 발전을 촉발했으나, 사람의 지시에 따라 작동하는 관계를 유지했다.

초기 AI는 미리 정의된 특정 작업을 빠르고 정확하게 실행하는 도구로서 역할을 수행했다(Nilsson, 2010). 가장 단순한 계산기나 스팸 필터처럼 한 가지 작업을 잘 수행하도록 설계된 시스템을 생각해 본다면 이해가 빠를 것이다. 도구로서의 AI의 역할은 사전 정의된 작업 자동화로 정의할 수 있다.

비즈니스에서 도구로서의 AI는 초기 자동화 소프트웨어와 규칙 기반 "전문가 시스템"과 함께 등장했다. 많은 공장에서 정해진 순서대로 부품을 용접, 도장 또는 조립하는 로봇을 사용한다. 이러한 기계는 '결정'하거나 적응하는 것이 아니라 반복적인 작업을 수행하므로 효율성을 위한 이상적인 도구다. 또 다른 예로, 금융 분야의 알고리즘 매매 프로그램을 들 수 있다.

이러한 AI는 몇 가지 장점이 있다. 첫째, 효율성과 속도가 우수하다. 계산, 데이터 검색 같은 반복적이고 고된 업무에서 사람이 벗어날 수 있다. 둘째, 일관적이고 안정적인 결과와 품질을 보장한다. 특히 규정 준수나 일상적인 작업에서 강점을 보인다. 셋째, 인건비를 절감하고 오류를 줄일 수 있다.

단점들도 존재한다. 첫째, 유연성이 부족하다. 조건이 약간만 변해도 문제가 된다. 둘째, 창의성이나 통찰력이 부족하다.

중요한 것은 도구로서의 AI는 윤리적 측면에서 상대적으로 위험성이 낮다. 도구는 스스로 아무것도 결정하지 않으며, 책임은 전적으로 이를 설계한 인간에게 있다.

보조로서의 AI

기술이 발전함에 따라 AI는 암기식 작업 수행을 넘어 지원 조력자 역할로 발전했다(Brynjolfsson & McAfee, 2017; Russell & Norvig, 2020). AI 시스템은 여전히 프로그래밍이 된 목표를 따른다. 이에 더해 자연어 처리(NLP), 머신 러닝(ML), 예측 분석 기술을 혼합해 보다 역동적인 방식으로 인간과 상호작용을 하며 사람들이 결정을 내리거나 개인적인 작업을 수행하도록 돕는다. 도구로서의 AI가 망치와 같다면 보조로서의 AI는 주니어 분석가나 서비스 콘시어지에 가깝다.

일상에서 접하는 AI의 예로는 디지털 음성 도우미인

애플(Apple)의 시리(Siri), 아마존(Amazon)의 알렉사(Alexa), 구글(Google)의 어시스턴트(Assistant), 삼성 빅스비가 대표적이다. 요리할 때 '시리야 5분 뒤 알람 부탁해', 또는 외출 준비를 하며 '하이 빅스비 오늘 날씨 어때?' 같은 음성 호출을 이용해 본 경험이 이에 해당한다. 이들은 여전히 스크립트(사용자의 요청)를 따르지만, 사용자의 음성을 해석하고 대화식으로 응답할 수 있으므로 사용성이 크게 향상되었다. 케일럽(Caleb) 오라녜(Oranye)(2024)는 비즈니스 환경에서 보조로서의 AI의 활용 영역을 가상 비서, 챗봇, 대화형 에이전트, AI 개인 비서, 디지털 채택 플랫폼으로 정리했다. 대표적으로 기업들이 고객 서비스를 위해 운영하는 인공지능 챗봇과의 대화를 떠올려 볼 수 있다.

이를 통해 얻을 수 있는 이점들은 다음과 같다. 첫째, 생산성의 향상이다. 사람보다 더 빠르게 데이터를 선별하고 인사이트 제공이 가능하다. 둘째, 24/7 가용성과 확장성이 확대된다. 인공지능은 잠들지 않는다. 24시간 내내 작동하며 여러 요청을 동시에 처리하며 비즈니스의 활동 반경을 확대한다. 마지막은 개인화다. AI는 개별 사용자 선호도를 학습하고, 맞춤형 제품이나 서비스를 제안할 수 있다.

반면, 가장 큰 단점은 이들의 제한된 이해력이다. 시리는 간혹 개인의 질문을 잘못 해석하기도 하고, 기업의 챗봇은 고객에게 관련 없는 정보를 제공하거나 문제 해결이 불가능해 불만을 초래하는 경우도 있다. 직원들도 AI에 과잉 의존해 개별 역량이 위축될 수 있다. AI의 제안을 검증 없이 그대로 받아들일 위험도 존재한다.

공동 작업자로서의 AI

AI를 단순한 도구가 아닌 협력자로 인식하는 것은 매우 중요하다. AI를 경쟁자가 아닌 협력자로 생각하기 시작하는 단계다. 공동 작업자로서의 AI는 복잡한 시나리오를 분석하고, 옵션이나 디자인을 생성하며, 대화형 문제 해결에 참여할 수 있다. 인간과 AI는 아이디어나 결과를 주고받으며 각자의 강점을 살려 기여한다. 'AI야, 이것 좀 해 줘'가 아니라 'AI야, 함께 만들어 보자'라는 식이다.

이러한 시스템은 예측 분석 및 생성 모델을 포함한 고급 머신 러닝을 활용하는 경우가 많다. 이들은 방대한 데이터세트를 스캔해 패턴을 식별하거나 프로토타입/디자인을 생성하는 등의 작업을 처리한다. 사람이 같은 속도로 할 수 없는 작업이다. 이 시스템은 결정적으로 인간의 피드백과 반복을 수용한다. AI는 데이터 기반 인사이트나 창의적인 옵션을 제공하고, 인간은 판단력, 직관력, 도메인 지식을 적용해 프로세스를 안내하는 공생 관계가 형성된다. 대표적인 분야별 AI 서비스의 종류는 다음과 같다. 필수 언어 모델로는 챗지피티, 클라우드(Claude), 퍼플렉시티(Perplexity), 젠스파크(Genspark) 등이 유명하다. 문서 작업에는 노션(Notion), 냅킨(Napkin), 캔바(Canva), 감마(Gamma), 코딩에는 캔서(Cansor), 트레이(Trae)가 대표적이다. 이미지 생성에는 미드저니(Midjourney), 이디오그램(Ideogram), 동영상 생성에는 소라(Sora), 런웨이(Runway), 영상 편집에는 캡컷(Capcut), AI 성우에는 타입캐스트(Typecast), 음악 생성은 수노(Suno), 자동화는 재피어(Zapier), 번역에는 디플(DeepL)이 있다. 이들은 계속 발전 중이며, 아직은 시장에서 인정받은 '사실상 표준(De facto standard)'은 없다. 이들 서비스들은 도구로서의 특징도 있지만 '공동 작업자'로서 상호작용을 하며 활용한다면 극적인 효율성을 지향할 수 있다. 이들은 단순히 정보를 검색하는 것(보조)이 아니라 솔루션을 제안하고 사람들과 협력해 이를 구체화한다. 이러한 협업은 대화처럼 느껴질 수 있다.

이를 통해 얻을 수 있는 긍정적인 효과는 사람과 AI가 함께할 때의 총합이 부분보다 크다는 것이다. AI는 패턴 인식, 속도, 데이터 폭을 제공하고 사람은 맥락, 창의성, 윤리적 판단을 제공한다. 또한 사용자가 간과할 수 있는 기발한 아이디어도 생성하기도 한다. 한계도 존재한다. 신뢰와 소통의 격차다. 성공적인 협업을 위해 AI의 기여를 신뢰해야 하는데, 이는 항상 쉬운 일은 아니다. 데이터 편향과 윤리적 문제도 존재한다. AI의 영향력이 커질수록 감독자의 역할도 유지해야 한다.

생각 파트너로서의 AI

2025년 《하버드 비즈니스 리뷰(Harvard Business Review, 이하 HBR)》는 AI에 대해 생각 파트너(Co-thinker)라는 개념을 제안했다(Farri & Rosani, 2025b). 이는 가장 발전된 역할의 AI로, 인간 전문가처럼 아이디어 창출, 전략적 토론, 복잡한 문제 해결에 참여한다.

패리와 로사니(Farri & Rosani, 2025b)는 이를 자율적으로 지식을 종합하고, 질문하고, 인간의 관점에 건설적으로 이의를 제기할 수 있는 AI 시스템으로 정의했다. 새로운 아이디어를 브레인스토밍하고, 합리적인 주장이나 반론을 제시할 수 있는 강력한 생성형 AI 시스템으로 단순히 답을 얻기 위한 것이 아니라 생각하며 대화하고 협업하는 과정을 함께하는 조언자다. 일본 소프트뱅크의 손 마사요시 회장은 새로운 아이디어와 비즈니스 전략 브레인스토밍을 위해 "나는 매일 챗지피티와 채팅한다"라고 밝혔다.

인공지능 활용을 위한 프롬프트의 예는 많다. '역할-작업-출력 형식', '작업-행동-목표', '맥락-행동-결과-예시' 프레임워크 등이 대표적이다.

패리와 로사니(Farri & Rosani, 2025a)는 '역할-의사소통 구도-대화 형식'을 염두에 두고 생각 파트너 AI의 프롬프트 생성을 제안하면서 우리의 사고방식을 강조하고 있다. '내가 AI에 이것을 물어본 적이 있나?' 또는 'AI는 이 과업을 다른 방향으로 생각하고 처리할 수 있을까?' 같은 것들이다.

AI는 지속적으로 학습하고 적응한다. 생각 파트너는 문맥을 인식하고 능동적인 분석을 통해 생각하지 못했던 인사이트를 제시할 수 있다. 첫 활용이 힘들 뿐 일단 한번 적응하면 같은 시도라 할지라도 기술의 발전과 시스템의 학습에 따라 더 나은 결과와 인사이트 확보가 가능하다.

생각 파트너로서의 AI는 사실상 무한한 지식의 바다

에서 아이디어를 제공한다. 개인 또는 팀이 몇 주가 걸릴 수 있는 양의 사고를 몇 시간 또는 몇 분 만에 마친다. AI는 역할 설정과 학습된 지식에 따라 다양한 영역에서 준전문가로 역할을 하며 최적의 팀으로 함께할 수 있다. 반면 실제로는 틀렸거나, 모르지만 자연스럽게 답변하는 '환각' 효과에 대해 주의를 기울여야 한다. 과도한 의존으로 인간의 판단력을 상실하는 것에 대해서도 경계해야 한다. 'AI가 충분히 생각했으니 당연히 옳겠지' 같은 인지적 안일주의를 조심해야 한다.

학과의 교수를 지낸 모 대표는 소문난 등산가다. 어느 날 나에게 "등산을 할 때 가장 힘든 단계가 무엇인지 알아요?"라고 물은 뒤 "그날 대문의 문턱을 넘어 밖으로 한 발을 디디는 것입니다"라고 말했던 기억이 난다. AI도 똑같다.

챗지피티 같은 AI에 회원 가입을 하고, 로그인하고, 일단 대화하자. 그리고 더 잘 대화하기 위해 공부한다면 어느 순간 나의 파트너로 옆에 있을 것이다.

참고문헌

Brynjolfsson, E. & McAfee, A.(2017). *Machine, platform, crowd: Harnessing Our Digital Future.* W. W. Norton & Company.

Farri, E. & Rosani, G.(2025a). *HBR guide to generative AI for managers.* Harvard Business Review Press.

Farri, E. & Rosani, G.(2025b). How AI can help managers think through problems. Harvard Business Review. https://hbr.org/2025/02/how-ai-can-help-managers-think-through-problems

Nilsson, N. J.(2010). *The quest for artificial intelligence: A history of ideas and achievements.* Cambridge University Press.

Oranye, C.(2024). AI assistant – Types, advantages, & best platforms. DipoleDiamond. https://www.dipolediamond.com/ai-assistant-types-advantages-best-platforms/

Russell, S. & Norvig, P.(2020). *Artificial Intelligence: A modern approach*(4th ed.). Pearson.

02
AI 정보 격차

디지털 혁신의 물결 속에서 AI 정보 격차는 기술 도입, 활용, 경제 · 사회 혜택에 이르기까지 다차원적 불평등이 실재한다. 대기업과 중소기업, 선진국과 개발도상국 간 격차는 향후 경영 전략과 정책 수립에 중대한 도전 과제로 부상할 전망이다. 정보 격차는 사회 전반의 경쟁력과 공정성을 위협하는 핵심 변수로 작용할 것이며, 미래를 재정의할 것이다.

AI와 MBTI?

AI 정보 격차의 정의

AI 정보 격차에 대해서는 국내외에서 학문적으로 정의된 바는 없다. 이 책에서는 디지털 정보 격차의 정의를 기반으로 설명해 보고자 한다.

반 도이르젠 등(Van Deursen et al., 2015)은 디지털 정보 격차를 세 단계로 구분하고, 각 단계의 정의와 특징을 제시했다. 1단계는 접근 격차다. 정보통신 기술 인프라, 디바이스(컴퓨터, 스마트폰, 스마트 패드 등), 인터넷 연결 같은 기본 자원에의 물리적 접근성 차이를 의미한다. 도시와 농촌 간의 초고속 인터넷 인프라 차이, 소득 수준과 교육 수준에 따른 디바이스 보유율의 차이 등이 대표적이다. 2단계는 활용 격차다. 디지털 기기와 서비스를 얼마나 효과적으로 활용할 수 있는가에 대한 격차다. 디지털 리터러시(정보 검색, 평가, 활용 능력), 온라인 활동의 빈도와 방법 등이 이에 포함된다. 예를 들어, 같은 인터넷 접근 환경을 가지고 있더라도 어떤 사람은 정보 검색 및 활용 능력이 뛰어나 다양한 디지털 서비스를 효과적으로 활용하는 반면, 다른 사람은 기초적인 사용에 머무르는 경우를 들 수 있다. 3단계는 디지털 활용에 따른 실제 삶의 질과 연결되는 성과 격차다. 접근과 사용 능력의 차이가 궁극적으로 개인이나 집단이 디지털 기술 사용을 통해 얻는 경제적, 사회적 혜택 및 기회에서 나타나는 격차를 말한다. 이는 취업, 소득, 사회적 참여 등 다양한 영역에서 발생할 수 있다. 라그네다(Ragnedda, 2018)는 개인의 자본을 정치적, 사회적, 경제적, 문화적, 개인적 자본의 다섯 가지로 구분했고, 세 단계 디지털 정보 격차는 개인을 둘러싼 5개 자본과 관련한 온라인과 실생활에 영향을 미칠 수 있다고 보았다. 우리는 디지털 정보 격차의 다섯 자본을 근거로 한국의 고령층을 대상으로 세 단계 디지털 정보 격차의 현상을 살펴보고, 서울과 부산의 차이를 분석했다. 박과 천(Park & Chun, 2024)은 서울과 부산에 거주하는 고령층 206명을 대상으로 심층 인터뷰와 토픽 모델링 기법을 활용했다. 서울은 다섯 가지 자본 중 네 개 자본(사회, 경제, 문화, 개인)의 활용도가 높지만, 정치 자본의 활용도는 낮게 나타났다. 부산은 정치 자본뿐만 아니라 경제, 문화 자본 활용도도 서울보다 낮은 것으로 나타났다. 이러한 차이는 디지털 활용에 따른 격차뿐 아니라 지역 간 인프라 격차에도 영향을 받았음을 보여 준다.

AI 정보 격차를 디지털 정보 격차의 틀에서 살펴보면 기술에 대한 접근성, 기술 사용 및 리터러시, 결과의 격차를 의미한다. AI의 경우, 인공지능 접근성, 활용 능력,

혜택에 해당한다. 세 번째 단계는 단순한 기술적 문제가 아니라 사회적, 경제적, 정책적 요인들이 복합적으로 작용해 특정 계층, 지역, 국가가 AI 기술의 혜택에서 소외되는 현상을 포함한다. AI 정보 격차는 사회적 불평등을 심화시키고, 지역 간 발전 격차를 확대하며, 정보 왜곡 및 신뢰 문제를 야기할 뿐만 아니라, 기술적 소외를 초래할 가능성이 크다(Capraro et al., 2024). 또한, AI 기술의 경제적 혜택이 선진국과 대기업에 집중되면서 개발도상국과 소규모 조직은 상대적으로 소외되고 있으며, 이는 국가 간, 계층 간, 연령 간 종합적 불평등을 심화시키는 요인으로 작용할 수 있다.

세 단계 AI 정보 격차

1단계 격차는 AI 인프라와 도구 접근성의 격차다. 연결성, 컴퓨팅 성능, 데이터 액세스, AI 기술 가용성의 격차가 이에 해당한다. 강력한 인터넷 및 데이터 인프라, 광범위한 초고속 네트워크, AI R&D에 대한 투자를 갖춘 지역은 AI 접근성에서 앞서 있다. 인프라나 자금이 부족한 지역은 AI 자원을 충분히 활용할 수 없다. 예를 들어, 선진국에서는 클라우드 데이터 센터와 5G 네트워크에 최첨단 AI를 구축한 반면, 개발도상국은 기본적인 인터넷 접속에 어려움을 겪고 있다.

한국의 경우, 1단계의 격차는 상대적으로 작다. 선진국 수준과 비슷하다. 스위스 국제경영원에서 발표한《세계 디지털 경쟁력 순위 2024》에 따르면 한국은 67개국 중 종합 6위를 차지했다. 그러나 세부 지표에서 스마트폰 보유 8위, 스마트 패드 보유 44위에 그치고 있다. 즉, 1단계 격차는 작지만 상대적으로 선진국 대비 매우 우수하다고 말할 수 없다.

2단계 격차는 AI를 효과적으로 이해하고 사용하는 데 필요한 기술과 지식의 격차다. AI 도구를 사용할 수 있더라도 사람과 조직은 이를 사용하기 위한 교육과 훈련이 필요하다. AI 리터러시란 AI의 작동 방식, 기능 및 한계, 실제 적용 방법을 아는 것을 의미한다. AI 리터러시가 낮은 이유는 부적절한 기술 교육, 교육 프로그램의 부족, AI에 대한 두려움과 오해에서 비롯할 수 있다. 이러한 격차를 해소하려면 커리큘럼, 인력 교육, 대중 인식 이니셔티브에 AI를 통합해 개인이 자신감 있게 AI에 참여할 수 있도록 해야 한다. AI 리터러시가 부족하면 커뮤니티는 접근할 수 있는 AI 도구를 충분히 활용할 수 없어 2단계 정보 격차로 이어진다.

수년간 급격하게 진행되고 있는 기술의 발달로 AI 리

터러시보다 더 중요한 것은 마음가짐이다. 아직은 AI가 마치 우리의 오랜 친구처럼 척 하면 척 알아듣는 수준의 대화까지는 무리지만 처음 본 두 사람의 대화의 수준 정도는 가능하다. 더구나 외국어 장벽조차 없다. 불과 5년 전만 해도 AI는 SF 장르에서나 볼 수 있는 막연한 '무언가'였다. 이제는 스마트폰에서 애플리케이션을 설치하거나 컴퓨터에서 웹으로 접속해 언제든 접하고 대화하고 활용할 수 있다. 챗지피티 출시 전 AI의 활용 접근성은 명산의 정상에 오르기 위해 암벽 등반을 해야 했다면 이제는 엘리베이터를 타고 정상으로 가자고 말만 하면 되는 현실이다. 2단계 정보 격차는 '활용'의 정보 격차다. 활용 역량은 서서히 높여가면 되지만, 중요한 것은 일단 활용해 보는 것이다. 일례로 필자는 'ESG와 기술경영'이라는 대학원 강의를 위해 방학 동안 한국, 미국, 유럽 대기업의 지속 가능 경영 보고서를 수집해 AI 챗봇을 만들고, 학생들에게 챗봇을 활용해 한 학기 동안 과제를 수행하게 한다. 일상에서는 외국어로 쓰인 고기 사진을 찍어 부위 이름과 요리법을 묻기도 하고, 영어 회화 파트너로도 주기적으로 활용한다. 때로는 미술관과 박물관에서는 나를 위한 큐레이터가 된다. 점차 업무 영역으로 확장하면서 서로 신뢰가 쌓여 의사결정을 위한 생각 파트너로 인정한다면 누구나 충분히 활용할 수 있다.

3단계 격차는 AI 활용으로 인한 삶의 격차를 의미한다. 이는 삶의 질, 일자리 기회, 생산성 향상 등의 차이로 나타난다. AI를 성공적으로 활용한 사람은 큰 혜택을 누리지만, 뒤처진 사람은 혜택이 거의 없거나 일자리에 큰 영향을 받을 수 있다. 이 격차는 라그네다(Ragnedda, 2018)가 제시한 개인을 둘러싼 5개 자본의 투입과 산출에 지속적인 영향을 미치며, 그 결과는 예상보다 클 수 있다.

필자의 연구 팀이 한국연구재단의 지원을 받아 수년간 진행한 한국의 디지털 정보 격차에 대한 연구 결과를 종합하면 AI 정보 격차에 대한 요체를 찾을 수 있을 것으로 본다. 디지털 정보 격차에 영향을 미치는 요인은 다양하다. 경제적 요인, 교육 및 문화적 요인, 인구통계학적 요인, 정책 및 제도적 요인, 온오프라인 소셜 요인 등이다. 과학기술정보통신부(2024)에 따르면 주요 정보 취약 계층 중 고령층의 디지털 정보화 수준이 가장 낮다. 인구통계학적 요인의 영향력이다. AI 정보 격차를 디지털 정보 격차의 연장선에서 본다면, 한국은 그 격차가 더 벌어지지 않을 가능성이 크다. 다시 말해, 원한다면 누구나 접근하고 활용할 수 있고, 삶에서 그 혜택을 볼 수 있다.

기업의 AI 활용

기업의 관점으로 시선을 옮기자. 기업 규모에 따라 AI를 활용하는 비율은 확연한 차이가 있다. 대기업에서 중기업, 소기업으로 갈수록 AI를 활용하는 비율은 낮아진다. 소상공인까지 확대하면 격차는 지대하다. 2024년 기준 EU의 대기업들은 41.17%, 중기업 20.97%, 소기업 11.21%가 AI를 활용하고 있다(Eurostat, 2025). 이 비율은 국가마다 약간의 차이가 있을 뿐 비슷하다. 미국도 AI 활용이 대기업에 집중된 것으로 나타났다. 2018년에는 대기업이 AI 도입을 선도했지만, 2023~2024년에는 1～4인의 매우 작은 기업도 높은 AI 활용률을 보였고, 점진적으로 증가 추세며, 향후 그 추세가 계속될 것으로 예상된다(Dinlersoz & Goldschlag, 2024). 이 통계에서 흥미로운 점은 대기업 다음으로 1~4인 기업의 AI 사용률이 가장 높다는 것이다. 자원이 풍부한 대기업과 극도의 효율성을 지향하는 미미한 규모의 소기업들이 AI를 가장 적극적으로 활용했다. 미국은 프롬프트나 기타 입력을 사용해 텍스트, 이미지, 음악, 동영상 또는 코드를 생성하는 것까지 활용하고 있다.

매킨지(McKinsey, 2024)은 생성형 AI의 활용에 대해 글로벌 설문 조사를 실시했다. 전체 응답자의 65%가 조직에서 정기적으로 생성형 AI를 사용하고 있다고 답했다. 최고위 관리자들이 가장 많이 사용했고, 아시아 태평양과 중화권에서 활용률이 가장 높았다.

참고문헌

과학기술정보통신부(2024). "2023 디지털정보 격차 실태조사". https://www.msit.go.kr/bbs/view.do?sCode=user&mId=99&mPid=74&bbsSeqNo=79&nttSeqNo=3173616

Capraro, V. et al.(2024.6). The impact of generative artificial intelligence on socioeconomic inequalities and policy making. *PNAS Nexus, 3*(6), pgae191. https://doi.org/10.1093/pnasnexus/pgae191

Dinlersoz, E. & Goldschlag, N.(2024.12.3). Is AI Use Increasing Among Small Businesses?. United States Census Bureau. https://www.census.gov/newsroom/blogs/research-matters/2024/12/ai-use-small-businesses.html

Eurostat(2025.1). "Use of artificial intelligence in enterprises". https://ec.europa.eu/eurostat/statistics-explained/index.php?title=Use_of_artificial_intelligence_in_enterprises

McKinsey(2024.3.30). "The State of AI in early 2024: Gen AI adoption spikes and starts to generate value". https://www.mckinsey.com/capabilities/quantumblack/our-insights/the-state-of-ai-2024

Park, S. & Chun, D.(2024.6). Comparative analysis of third-level

digital divide among Korean older adults: Capital-based approach. *Technological forecasting and social change, 204*, 123381.
https://www.sciencedirect.com/science/article/abs/pii/S004016252400177X

Ragnedda, M.(2018.10). Conceptualizing digital capital. *Telematics and informatics, 35*(8), pp.2366~2375.
https://www.researchgate.net/publication/328264547_Conceptualizing_Digital_Capital

Van Deursen A. et al.(2015.12). The third-level digital divide: Who benefits most from being online?. *Communication and information technologies annual, 10*, pp.29~52.
https://www.researchgate.net/publication/287277656_The_Third-Level_Digital_Divide_Who_Benefits_Most_from_Being_Online

03
한국의 AI 활용

한국의 AI 활용은 대기업과 중소기업, 개인 및 연령 간 격차가 크다. 대기업은 생성형 AI 도입을 통해 업무 효율성을 높인 반면, 중소기업은 자원 · 정보 부족으로 도입이 미흡하다. 또한 인구 고령화에 따른 연령별 격차도 크다. 경제 주력 세대와 미래 세대의 적극적인 AI 활용은 사회 혁신과 경쟁력 제고의 원동력이 될 것이다.

AI와 난임 극복?

우리 기업의 AI 활용

한국의 기업들은 AI를 잘 활용하고 있을까? 답은 그렇기도 하고, 아니기도 하다. 뉴데일리 경제(2024)에 따르면 주요 기업의 38%가 생성형 AI를 사무직군에 도입했고, 직원들이 개별적으로 활용하고 있다는 응답도 50%를 차지했다. 주된 활용은 문서 초안 작성, 고객 서비스 챗봇, 코딩 지원, 내부 지식 검색 등이었다. 주요 기업들은 AI의 위험에 대해 신중한 입장이다. AI를 도입하지 않은 기업들이 꼽은 가장 큰 이유는 정보 유출에 대한 우려로, 42%가 민감한 데이터가 노출될 수 있다고 우려했다.

글로벌 관점에서 한국 주요 기업의 AI 활용률은 높다. 전대일 외(2024)에 따르면 한국 기업의 약 78%가 생성형 AI를 도입해 직원 생산성을 높였다고 보았고, 이는 아시아 태평양 지역 평균(69.6%)을 상회한다. 2024년 대한상공회의소와 산업연구원이 공동으로 실시한 《국내 기업 AI 기술 활용 실태 조사》 결과 업종별 활용률은 제조업 23.8%, 서비스업 53%로, 업종별 차이가 뚜렷하다. 서비스업은 금융과 정보 기술 서비스 분야의 활용률이 높게 나타났다. 지역별 활용률은 수도권 40.4%, 비수도권 17.9%였다. 지디넷 코리아(ZDNET Korea, 2025)에 따르면 2023년 5% 미만이었던 생성형 AI 도입률은 2026

년에는 전 세계 기업의 80% 이상이 생성형 AI 기반 애플리케이션을 도입할 것으로 전망했다.

소상공인과 중소기업의 경우, 활용률이 상당히 낮다. 중소벤처기업부의 통계에 따르면 연도마다 미미한 변화가 있지만, 기업체 수 기준 99.9%, 종사자 수 기준 81%에 달했다. 한편 2024년 11월 중소기업 중앙회에서 발표한 《중소기업 인공지능 활용 의향 실태조사》는 주요 기업들의 조사 결과와 상반된다. 중소기업의 94.7%가 AI 활용을 안 한다고 답했으며, 도입 의향도 16.3%에 그치고 있다. 미활용 이유로는 '우리 사업에 AI 기술이 필요하지 않음(80.7%)', 'AI 관련 기술 및 응용 서비스가 우리 회사 경영에 어떻게 도움이 되는지 잘 모름(14.9%)'으로 약 96%를 차지한다. 또한 AI 활용의 주요 장애 요인으로, 기업이 필요한 맞춤형 응용서비스 부족, 투자 가능 비용 부족, 활용할 수 있는 데이터 및 기반 정보의 한계 등을 꼽았다.

중소기업의 한정된 자원, 정보, 인력은 현실적인 제약이다. AI의 도입은 효과성과 효율성을 모두 고려해야 한다. 효과성은 뚜렷한 목표를 두고 자원을 투입해 그 목표를 달성했다면 효과성이 달성되었다고 본다. 이때 자원의 최소 활용 같은 조건은 고려하지 않는다. 예를 들면,

우리나라가 유인 우주선을 통한 달 착륙을 목표로 필요한 자원을 지속적으로 투입해 달 착륙에 성공하고 무사히 복귀했다면 이는 효과성이 있다고 본다. 대기업이 AI를 활용하는 관점이다. 효율성은 투입 대비 산출 비율을 의미한다. 예를 들어 고객 문의에 사람이 응대할 수 있다. 직접적인 투입은 인건비다. 만약 24시간 대응을 목표로 한다면 인건비는 극적으로 대폭 증가한다. AI를 활용한 챗봇을 만들어 응대한다면 인건비는 대폭 감소할 것이다. 효율성을 높이는 방안은 두 가지로, 투입을 낮추거나 산출을 높이면 된다. AI를 활용하면 단기적으로는 투입이 낮아지고, 장기적으로는 산출이 높아져 효율성이 높아진다. 중소기업은 효율성 관점에서 AI를 바라보아야 한다. 앞서 언급한 미국 기업들의 통계가 이를 잘 보여준다. 대기업과 1~4인 기업들의 AI 활용률이 가장 높다는 것은 많은 것을 시사한다.

기업 내 일반 AI와 생성형 AI의 활용은 다르다. 과거 제조업 위주 시대에는 유형의 공장과 설비가 필요했으나, 오늘날의 창업 환경은 컴퓨터와 업무 공간 정도가 필요할 뿐이다. 즉, 기업 맞춤형 일반 AI의 활용은 많은 데이터와 투자가 요구되나 생성형 AI를 염두에 둔다면 작게는 개인의 관심과 노력에서 출발한다고 할 수 있다. 말하자면 개인의 생활과 직무에서 출발해 기업 단위의 자동화, 이어 의사결정의 파트너로 범위를 확장해 나가는 것을 제안한다.

개인의 AI 활용

개인 수준의 AI 활용률을 살펴보자. 2024년 3월 과학기술정보통신부가 발표한 《2023 인터넷 이용 실태조사》에 따르면, 가전제품의 AI 기능, 자동차의 자율주행 등 일상에서 AI 서비스를 경험한 응답자 비율은 50.8%였다. 반면 생성형 AI를 활용해 봤다는 응답 비율은 17.6%였다. 특히 생성형 AI 활용률은 연령별로 차이를 보였는데, 20대가 33.7%로 가장 높았고, 40대까지만 20%대였다. 60세 이상 고령층의 인터넷 이용률은 81.1%였지만, 생성형 AI 활용률은 5% 미만이었다. 생성형 AI를 주로 이용한 분야는 단순 정보 검색, 문서 작업 보조, 외국어 번역이었다.

2024년 말, 구글이 진행한 다국적 설문 조사에 따르면 한국 응답자의 55%가 생성형 AI를 사용하고 있으며, 이는 전 세계 평균인 48%를 상회했다. 개인 프로젝트 및 커뮤니케이션, 업무, 엔터테인먼트, 교육 등 다양한 목적으로 AI를 사용하는 것으로 나타났다(Kim, 2025).

그러나 한국의 AI 활용률은 아시아 태평양 국가 중에서 그렇게 높은 편은 아니다. 손재호 등(2024)에 따르면 인터넷 활용과 달리 생성형 AI는 개발도상국이 더 빠르게 도입하고 활용하고 있는 것으로 나타났다. 학생과 직장인을 대상으로 한 설문에서 아시아 태평양 국가들의 생성형 AI 사용자 평균 비율은 67%, 한국은 68%였다. 반면 인도 87%, 동남아시아 76%, 대만 72%, 중국 72% 등 다수의 나라들이 생성형 AI의 활용률이 한국보다 높았다. 특히 생성형 AI를 적극적으로 수용하는 아시아 태평양 국가들의 평균은 49%, 한국은 36%로. 한국은 적극성이 매우 낮은 것으로 나타났다.

이 자료에서 유추할 수 있는 사실은 우리는 일상에서 누군가가 제공하는 AI 서비스를 이용하고 있고, 이를 직접 이용하는 것도 점점 거리감을 좁혀가고 있다. 고령층의 경우, 인터넷 이용률은 높지만 AI 활용으로까지는 이어지지 않고 있다. 고령층과 젊은 세대의 AI 정보 격차는 분명하다. 신기술에 익숙한 젊은 층과 경제 활동 연령대의 성인들이 트렌드를 주도하고 있고, 대부분의 고령층은 아직 AI에 관심이 없다.

한국과 달리 생성형 AI의 활용은 세계적 흐름이다. 아시아가 활용률이 가장 높고, 그중 개발도상국이 강세다.

과거 한국이 신기술 제품이나 서비스의 테스트 시장이었다면, 이제 생성형 AI의 경우, 그 역할을 개발도상국이 맡고 있다. 개발도상국으로 분류되었지만 중국은 딥시크(Deepseek)를 포함한 새로운 AI를 지속적으로 선보이며 사실상 AI 강국으로 발돋움했다. 대만 또한 여러 기술 분야에서 한국과 경쟁하는 등 기술 강국으로 떠오르며, 2024년 증시에 상장한 기업들의 시가 총액이 한국 기업들의 시가 총액을 넘어섰다. AI 열풍을 타고 반도체와 전자 업종 기업들의 시가 총액이 상승한 결과였다. 인도 또한 우수한 정보통신 기술을 보유하고 있고, 미국의 마이크로소프트를 포함한 다양한 기술 기업의 CEO와 엔지니어로 활동하고 있다. 동남아시아는 싱가포르, 인도네시아, 베트남 등 향후 GDP 발전 가능성이 높은 나라들이 다수 포진하고 있다. 이들이 우리보다 생성형 AI 활용률이 높다.

우리는 중국이 현금 결제에서 신용 카드를 건너뛰고 바로 모바일 결제 시스템으로 진입한 것을 기억해야 한다. 카카오톡을 벤치마킹했던 위챗은 다양한 소셜 서비스, 쇼핑, 결제 시스템 등을 엮어 현재는 우리가 추격해야 하는 기업이 되었다. AI 사회에서 새로운 기술의 활용과 도입은 개발도상국들이 더 전향적이며, 규제 혁신과 개인의 수용과 활용도 한층 높다.

우리나라의 문제는 고령화다. 세계적으로 젊은 세대의 AI 활용률이 높다. 디지털에 익숙한 중장년층이 고령층으로 진입하면서 과거와는 다른 양상이 나타날 수 있다고 바라보는 전문가들도 존재한다. 하지만 하루가 다르게 발전하는 기술의 학습과 활용은 젊은 세대를 당할 수 없다. 세계 어느 나라보다 빠르게 고령화가 진행 중인 한국으로서는 AI 활용을 젊은 세대에만 기댈 수 없다.

고령화의 그늘은 기업에도 드리우고 있다. 아주경제(2024)에 따르면 삼성전자, LG전자, SK하이닉스 등 주요 전자업계 기업 모두 공통적으로 20대와 30대가 감소하고, 50대가 증가하며, 평균 연령이 40대를 바라보고 있다고 한다. 많은 기업이 비슷한 상황일 것으로 예상되며, 중소기업의 고령화 현상은 더욱 가파르게 진행되고 있을 것으로 예상된다. 고령화는 AI 활용 격차와 이어지는 정보 격차에 지대한 영향을 주는 요인이다.

지역별 차이도 존재한다. 김동원(2024)은 서울을 포함한 대도시 거주자가 소도시나 농촌 지역 거주자보다 생성형 AI를 더 자주 사용한다고 보았다. 대도시가 신기술 정보와 접근에 더 많이 노출된 결과라고 볼 수 있지만, 이는 상당 부분 지역 간 고령화 비율의 차이라고 판단된다.

한국은 세계 주요국에 비해 자영업자 비율이 매우 높은 특징을 가지고 있다. 대표적인 소상공인으로, 이들 또한 고령화를 맞이하고 있다. 박상돈(2024)에 따르면 자영업자 중 60세 이상은 36.4%로, 29세 이하는 3.4%에 그치고 있다.

AI 활용을 높이기 위해서는 주력 경제활동 세대와 미래 세대 모두 전향적인 자세가 필요하다. IT 강국, 디지털 강국의 이미지에서 벗어나 글로벌 관점에서 AI 활용은 중진국에 지나지 않음을 인식해야 한다.

참고문헌

ZDNET Korea(2025.1.18). "생성형 AI, 2026년 되면 기업 80%가 쓴다". 《ZDNET Korea》. https://zdnet.co.kr/view/?no=20250118085806

김동원(2024.7.25). "韓, 지역·산업별 AI 격차 존재". 《디지틀조선일보》. https://digitalchosun.dizzo.com/site/data/html_dir/2024/07/25/2024072580155.html

김민우(2024.9.9). "삼성·LG·SK도 '고령화'… 전자업계 평균 연령 40대 코앞". 《아주경제》. https://www.ajunews.com/view/20240909144022188

박상돈(2024.2.27). "자영업자도 고령화… 작년 환갑 이상 200만 명 첫 돌파". 《연합뉴스》.

https://www.yna.co.kr/view/AKR20240226138900030

박지수(2024.3.21). "경총 "주요 기업 38% 회사 차원서 '생성형 AI' 도입"". 《뉴데일리경제》. https://biz.newdaily.co.kr/site/data/html/2024/03/21/2024032100186.html

손재호 외(2024.6). "아시아 태평양 지역 내 생성형 AI 업무 활용 현황과 시사점". Deloitte Insights. https://aimatters.co.kr/wp-content/uploads/2024/07/kr-ap-gen-ai-report-2.pdf

전대일 외(2024.10.2). "한국 IDC, 국내 생성형 AI 업무 적용 사례 연구 발표". https://my.idc.com/getdoc.jsp?containerId=prAP52633124&utm_medium=rss_feed&utm_source=alert&utm_campaign=rss_syndication

Kim, E. J.(2025.2.5). Over half of Koreans engage with generative AI, surpassing global usage average. Business Korea. https://www.businesskorea.co.kr/news/articleView.html?idxno=234814

04
기업가의 시대

현대의 비즈니스 리더인 기업가는 기회를 선제적으로 포착하며 혁신을 주도하는 핵심 주체다. 소규모 비즈니스 기업가, 대기업 기업가, 사내 기업가, 사회적 기업가, 솔로프리너 등 다양한 유형이 각자의 방식으로 경쟁력을 발휘한다. AI는 비즈니스 리더들에게 한정된 자원과 복잡한 시장 환경 속에서도 안정적 성장과 지속 가능한 경쟁 우위 확보에 기여한다.

AI와 사주?

기업가의 정의

기업가의 정의를 설명할 수 있는가. 자주 쓰는 단어일수록 누군가 정의를 물어볼 때 머뭇거리게 된다. 자주 접하기에 깊이 생각해 본 적이 드물기 때문이다. 기업가(起業家)의 한자로 접근할 수 있다. 일으킬 '기', 일 '업'으로, 새롭게 일을 일으키며 이루는 사람(창업가)으로 해석할 수 있다. 이때 일으킬 '기' 대신 발돋움할 '기(企)'를 쓴다면 기업의 경영인으로 해석한다. 이 책에서는 전자를 기업가로 정의하며, 이는 적극적인 비즈니스 리더가 반드시 가져야 할 역량이다. 기업가를 깊이 이해하기 위해 기업가 정신의 어원과 발전을 살펴보고 기업가를 정의하고자 한다.

기업가 정신의 의미는 한 단어로 정의하기 힘들다. 영어 'Entrepreneurship'은 프랑스어 동사 'entreprendre'에서 파생되었다. 'Entreprendre'는 'entre'(사이에)와 'prendre'(잡다, 붙들다)의 결합으로, '착수하다', '시작하다'라는 의미를 지닌다(Hisrich et al., 2020). 이는 18세기 프랑스의 경제학자인 리샤르 캉티용(Richard Cantillon)에 의해 처음 소개되었다. 그는 저서 《일반적 상업의 성격에 관한 에세이》에서 '기업가'라는 개념을 처음으로 제시했다. 그는 기업가를 고정된 수입을 받는 노동자나 지주와 구별되는 존재로 봤으며, 그의 역할을 경제 체제의 핵심 요소로 인식했다. 당시 농업 중심 경제 체제는 토지 소유자, 기업가, 단순 노동자로 구분되었고, 기업가는 토지 소유자와 단순 노동자 사이에서 불확실성을 감내하며 수요와 공급에 따른 차익 거래를 수행하는 주체였다(Van Praag, 1999).

이후 미국에서 슘페터는 기업가라는 주체를 최초로 강조했고, 그를 혁신을 이끌어 경제 성장을 촉진하는 핵심으로 소개했다(Schumpeter, 1934). 이들은 기존의 균형 상태를 파괴하고, 새로운 기술, 시장, 생산방식 등을 도입해 발전을 이루는 창조적 파괴 과정에서 필수적인 존재다(Schumpeter, 1942). 이후 기술과 혁신이 경제 성장의 중심으로 편입되었고, 기업가는 세계적으로 확산하기 시작했다. 드러커는 기업가 정신을 위험 감수 자체보다는, 기회를 인식하고 이를 체계적으로 사업화하는 능력에 초점을 두는 것으로 정의했고(Drucker, 1985), 새로운 시장을 창출하고 기존 질서를 재편하는 변화의 원동력 역할을 하는 것으로 소개했다.

즉, 기업가는 기회를 포착하고, 위험을 감수하며, 창의적으로 문제를 해결하는 혁신의 주체다.

기업가의 유형

사람의 유형이 다양하듯, 기업가의 유형도 다양하다. 기업가는 반드시 창업가를 의미하지 않는다. 본인의 위치에서 기업가로서의 역량을 발휘한다면 기업가라고 볼 수 있다. 이에 따라 시민 기업가, 학생 기업가, 정책 기업가 등 다양한 기업가에 대한 관점이 있지만, 이 책에서는 비즈니스와 관련한 기업가의 유형을 주로 살펴보고자 한다.

우선, 소규모 비즈니스(중소기업) 기업가 유형이 있다. 일반적으로 가장 많이 생각할 수 있는 유형이다. 이들은 지역 시장이나 특정 분야의 소규모 고객층을 대상으로 비교적 작은 규모로 창업해 운영한다. 대체로 고용인원이 많지 않고, 안정적인 수익과 지속적 생존을 주요 목표로 삼는다. 자영업, 가족 경영, 지역 매장 등이 있다. 미국에서 급격하게 성장한 커피 브랜드인 더치 브로스(Dutch Bros)가 대표적이다. 창업자인 데인 브루스마와 트래비스 부르스마 형제는 1992년 오리건주 소도시인 그랜츠 패스에서 시작했다. 고객에게 친근한 서비스, 라이프스타일을 반영한 드라이브스루 방식, 독특한 커피 문화를 바탕으로 빠르게 성장했다. 2025년 3월 기준 시가 총액 약 14조 원의 상장 기업이다.

대기업 기업가 유형도 있다. 이들은 거대한 조직이나 자원을 보유한 상태에서 새로운 사업, 제품, 서비스 등을 창출해 낸다. 작은 기업을 세계적인 대기업으로 키워낸 사례도 포함한다. 현대 그룹의 고(故) 정주영 회장, 삼성 그룹의 고 이건희 회장 등이 대표적이다.

현대에서 주로 얘기되는 유형은 확장형 스타트업 기업가다. 이들은 기술 혁신을 통해 세계 시장으로 진출한다. 시장 지배를 목표로 하며, 새로운 기술, 사업 모델 등을 무기로 빠른 투자 유치와 폭발적 성장을 지향한다. 실리콘밸리의 유니콘 기업(기업가치 10억 달러 이상의 비상장 기업)들이 대표적이다. 메타(페이스북)의 마크 저커버그, 테슬라의 일론 머스크, 쿠팡의 김범석 등이 이에 해당한다.

지속 가능 사회에 대한 요구가 확장하면서 주목받고 있는 또 하나의 유형은 사회적 기업가다. 이들은 이익뿐 아니라 전 지구적 지속 가능 개발 목표(Sustainable Development Goals, SDGs)와 연계된 문제 해결을 핵심 목표로 삼는다. 공익적 미션을 핵심 비즈니스 모델에 포함하며, 자립할 수 있는 수익 구조를 추구한다. 이들은 창업 지역과 관계없이 전 지구적 공통 문제 해결에 초점을 맞추기에 글로벌 확장에 유리하다. 대표적인 사례로

2015년 설립된 덴마크의 식품 임팩트 스타트업인 '투굿투고(Too Good To go)'의 5인의 공동 창업자들이 있다. 이들은 음식점과 소매업체들이 영업 종료 후 남은 음식이 막대한 음식물 낭비로 이어짐을 발견하고, 소비자들과 이들을 연결해 소비자들에게는 저렴한 가격을, 기업 고객들에게는 환경 보호와 경제적 부가가치를 제공하며 자신들 또한 지속 가능한 경제적 이익을 추구하고 있다. 이들의 비전은 전 세계적으로 연간 1조 달러(약 1450조 원)에 달하는 음식물 폐기 문제를 근본적으로 해결하고, 낭비 없는 지속 가능한 식품 생태계의 조성을 목표로 한다.

새로운 조직에서 창업하는 것이 아닌 대기업이나 조직 내부에서 기업가적 사고를 바탕으로 새로운 제품, 서비스, 사업을 발굴해 추진해 나가는 이들을 사내 기업가라고 한다. 이들은 큰 조직이 가진 자원과 인프라를 활용하나 상대적으로 독립적인 권한을 가지고 창업가처럼 혁신을 시도한다. SK에너지의 사내 벤처로 출범해 성장한 SK엔카, LG유플러스의 사내 벤처로 시작한 인터파크, 삼성SDS의 사내 벤처로 시작한 네이버 등이 대표적이다. 모두 1990년대 사례들로, 현재는 더욱 많은 기업의 사내 기업가들이 활동하고 있다.

솔로프리너의 재발견

AI의 발전과 함께 최근 실리콘밸리에서 다시 주목받고 있는 기업가의 유형은 '솔로프리너'다. 1인을 의미하는 'Solo'와 기업가를 의미하는 'Entrepreneur'의 합성어다. 이 용어는 테리 로니어에 의해 처음 정립되었다(Lonier, 1994). 독립적으로 일하며 성공을 꿈꾸는 개인들에게 새로운 길을 제시했으며, "직원 없이 비즈니스를 단독으로 운영하는 개인"으로 소개했다. 이 기업가 유형은 이후 임시직 경제(Gig Economy)와 디지털 경제의 성장을 통해 더욱 주목을 받기 시작했다.

솔로프리너는 종종 라이프스타일 기업가와 유사한 개념으로도 해석하기도 한다. 라이프스타일 기업가는 사업을 통해 자신의 이상적인 삶의 방식, 균형 잡힌 일과 삶, 개인의 만족도를 추구하는 데 초점을 둔다. 이 기업가들은 급격한 성장보다는 안정적인 수익과 자율적인 생활을 중시한다(Henricks, 2002). 이들은 솔로프리너와 달리 굳이 혼자 활동하지 않아도 된다. 그러나 솔로프리너처럼 홀로 활동하기에 가끔 두 유형을 혼용하기도 한다. 조디 쿡(Cook, 2025)은 집에서 할 수 있는 소규모 비즈니스 아이디어 30개를 제안했다. 라이프스타일 기업가와 솔로프리너로서 시작할 수 있는 아이디어들이다. 가상 비서 서비스, 콘텐츠 제작, 온라인 개인 교습 및 교육, 소셜 미디어 관리, 피트니스 코칭, 개인 셰프 서비스, 팟캐스팅, 온라인 코스 제공, SEO 컨설팅, 이벤트 계획, 경력 개발 지원, 부동산 가상 투어, 노인 돌봄 상담, 아동 보호 자문 등이다.

과거 많은 솔로프리너들이 라이프스타일 기업가의 패턴으로 활동하면서 투자자들로부터 성장을 등한시하고 안정성만을 추구한다는 부정적인 시선을 받았다. 최근 AI 기술의 발전으로 많은 솔로프리너들이 다시 주목받고 있다. 이들은 AI 기술을 도입해 업무 처리의 효율성을 극대화한다. 콘텐츠 제작, 고객 데이터 분석, 광고 설정, 자동화된 고객 응대, 회계 관리까지 활용 영역이 점점 확장되고 있다.

솔로프리너의 대표적 사례로 피터 레벨스(Pieter Levels)의 마이크로 사스(Micro-SaaS, Software as a Service)를 들 수 있다. 그는 대부분의 프로젝트를 혼자 관리하며, 복잡한 조직 없이 자신만의 방식으로 비즈니스를 운영한다. 노마드 리스트(Nomad List), 리모트 OK(Remote OK) 등의 여러 프로젝트를 연달아 시작했다. 노마드 리스트는 디지털 유목민들이 세계 각 도시의 생활비용, 날씨, 인터넷 속도 등 다양한 지표를 비교할 수 있는 플랫폼이다. 리모트 OK는 전 세계의 원격 근무 기회를 제공하는 채용 플랫폼으로, 많은 구직자와 기업을 연결한다. 그는 외부 투자에 의존하지 않고, 주로 프로젝트 수익을 재투자하는 방식으로 사업을 운영한다. 스콧 스톡데일(Stockdale, 2024)에 따르면 피터 레벨스는 오직 그의 노트북을 통해 최소 한 달에 약 3000만 원(21000$)의 소득을 올리고 있다. 그는 자신의 사업 모델에서 AI 기술을 크게 부각하지 않지만, 자동화와 데이터 분석에서 AI가 포함된 여러 기술을 적극적으로 활용하고 있다. 온라인 폼 빌더 플랫폼 서비스를 제공하는 조트폼(Jotform)의 창업가인 아이테킨 탱크(Tank, 2025)는 AI 에이전트가 고용 없이 솔로프리너의 확장을 돕는 5가지 방법을 제시했다. 그는 2006년에 창업해 천천히 성장했고, 때때로 AI 에이전트가 그때 있었다면 하는 아쉬움을 가지고 있었다. AI는 더 나은 고객 지원, 일정의 간소화, 마케팅 노력 강화, 내부 업무 흐름 및 의사결정 개선, 새로운 비즈니스 기회 탐색의 다섯 가지 역할에서 솔로프리너를 지원할 수 있다고 설명한다.

비즈니스 리더의 도전과 AI

이 책에서 다루는 비즈니스 리더는 위에서 제시한 각 기업가를 의미한다. 그들은 다양한 환경에서 오늘도 고군분투하고 있다. 특히 우리나라 비즈니스 리더의 대다수를 차지하는 중소기업, 소상공인, 솔로프리너들은 특히 AI 활용에 주목해야 한다.

비즈니스 리더들은 어떠한 도전 과제들을 가지고 있을까? 이들은 외롭다. 때로는 고립감을 느낀다. 솔로프리너가 아니라도 리더는 최종 의사결정을 내리며, 그에 따른 책임을 진다. 또한 재정적 안정성을 위해 비용을 낮춰야 한다. 동시에 새로운 비즈니스 기회를 탐색해야 한다. 이들은 많은 역할을 홀로 담당하며 과중한 업무로 번아웃 증후군이 올 수도 있다. 성장에 한계가 찾아오고, 시장의 확장이 어려울 수 있다. 이 모든 어려움에 많은 도움을 받을 수 있는 동료가 바로 AI다.

참고문헌

Cook, J.(2025.2.1). 30 Small business ideas anyone can do from home. *Forbes.* https://www.forbes.com/sites/small-business/article/small-business-ideas-from-home/

Drucker, P. F.(1985). *Innovation and entrepreneurship: Practice and principles.* Harper & Row.

Henricks, M.(2002). *Not Just a Living: The Complete Guide to Creating a Business That Gives You a Life.* Perseus Books.

Hisrich, R. et al.(2020). *Entrepreneurship.* McGraw-Hill Education.

Lonier, T.(1994). *Working Solo: The Real Guide to Freedom and Financial Success with Your Own Business.* Portico Press.

Schumpeter, J. A.(1934). *The Theory of Economic Development: An Inquiry into Profits, Capital, Credit, Interest, and the Business Cycle.* Harvard University Press.

Schumpeter, J. A.(1942). *Capitalism, Socialism, and Democracy.* Harper & Brothers.

Stockdale, S.(2024.5.17). How Pieter Levels makes (At Least) $210K a month from his laptop — With zero employees. Medium. https://medium.com/swlh/how-pieter-levels-makes-at-least-210k-a-month-from-his-laptop-with-zero-employees-47d8046f43cd

Tank, A.(2025.3.4). 5 Ways AI agents can help solopreneurs scale without hiring. *Forbes.* https://www.forbes.com/sites/aytekintank/2025/03/04/5-ways-ai-agents-can-help-solopreneurs-scale-without-hiring/

Van Praag, C. M.(1999). Some classic views on entrepreneurship. *De economist, 147,* pp.311~335.

05
아이디어에서 경영까지

모든 비즈니스는 아이디어에서 시작해 기술 사업화 과정을 거친다. 오늘날 AI는 이 모든 과정의 강력한 도구로 비즈니스 리더를 돕는다. AI는 아이디어 착상에서부터 데이터 분석, 전략 수립에 이르기까지 폭넓게 활용되며 실패 비용을 줄이고 성공 가능성을 높인다. 이 장에서는 아이디어를 비즈니스로 전환하는 과정과 AI의 역할을 살펴본다. 혁신적인 아이디어를 가진 당신, 이제 AI와 함께하자.

AI와 아이돌?

누구나 아이디어에서부터 시작한다

시작이 반이다, 천 리 길도 한 걸음부터 등 시작의 중요성을 의미하는 표현이 많다. 비즈니스의 시작은 어디일까? 바로 아이디어다. 우리말로는 발상으로 해석할 수 있다. 그런데 아이디어가 다양하고, 생각할 것이 많다. '최초'에 의미를 둔다면 세계 최초, 국내 최초, 사내 최초 등이 있다. 다른 측면에서, 자율주행 기술은 자동차에만 쓰였지만, 그것을 중장비, 배, 비행기 등에 쓰거나 배달 로봇, 아이들의 장남감 등에 쓰이는 다른 시장을 생각할 수 있다. 즉, A 시장에 있던 무언가를 B 시장에서 쓴다면 기존에 있던 기술조차 B 시장에서는 최초가 될 수 있다.

일본의 백여 년 된 장난감 회사 토미(TOMY)는 일본 우주항공개발기구와 도시샤 대학 연구진과 함께 달 탐사 초소형 로봇을 개발했다. 영화 〈트랜스포머〉에 나오는 로봇을 장난감으로 만들었던 이 회사는 이러한 변신 기술을 도입해 '소라큐' 라는 초소형 탐사 로봇을 만들었다. 개발에 참여한 직원은 "알에서 나온 바다거북이 작은 몸으로 모래 언덕을 잘 오르는 걸 보고, 지느러미의 움직임에 힌트가 있는 게 아닐지 생각했습니다"라고 인터뷰에 답했다(KBS뉴스, 2024).

생각하지 않았던 분야에서 아이디어로 시작해 세계

최고의 제품으로 탄생해 활발하게 비즈니스를 진행하고 있는 사례들은 많다. 대표적인 사례로 무선 청소기로 유명한 다이슨을 들 수 있다. 제임스 다이슨은 1978년 무렵 집에서 진공청소기로 청소하던 중 청소기의 흡입력이 떨어지는 것을 느꼈다. 당시 세계에서 가장 유명한 브랜드였던 미국 후버 사의 진공청소기를 분해한 결과 주기적으로 교체가 필요했던 먼지 봉투에 먼지가 가득 차 있었고, 먼지가 쌓일수록 먼지 봉투의 구멍이 막혀 흡입력이 약해진다는 것을 발견하고 이를 해결하기 위한 아이디어를 생각하기 시작했다. 그는 나무를 가공하는 제재소에서 공기 회전을 통해 공기와 톱밥을 분리하는 장면을 보고 아이디어를 얻어 사이클론 청소기 개발에 성공했다(정라희, 2020). 1979년부터 시작한 시제품의 시도는 5127번의 도전을 거쳤다. 1984년 세계 최초의 먼지 봉투 없는 진공청소기가 탄생한다. 재미있는 사실은 다이슨은 비즈니스를 할 생각이 없었고, 기존 대형 무선 청소기 회사들에 특허를 판매하고 자신의 본업인 산업 디자이너로 돌아갈 계획이었다. 그러나 훌륭한 수익원이었던 먼지 봉투를 없애는 것에 거부감을 느꼈던 회사들이 이를 거절했고, 스스로 사업을 운영하기로 했다(Dyson, 1997).

이처럼 개인의 아이디어에서 시작해 훌륭한 비즈니스로 성장한 사례들은 다양하다. 그러나 오늘날에는 다른 점이 있다. 첫째, 기술 기반 창업이다. 제임스 다이슨의 사례는 처음부터 시장과 경제성을 따지지 않았지만, 개인적인 연구 개발을 통한 비용의 최소화로 세계 시장에서 통용되는 제품을 만들었기에 결국 성공했다. 그러나 최근의 흐름은 아이디어 단계에서부터 사업성을 중시한다. 특히 최근 창업 기업에 대한 투자는 수익성과 함께하는 성장으로 기류가 변했다. 즉, 기술이 비즈니스가 되는 과정에서 실패와 비용을 최소화할 수 있어야 하며, 제품이나 서비스 품질도 중요하지만, 기획과 연구 개발 단계가 더 중요해졌다. 제품이나 서비스 출시보다 연구 개발 단계에서의 예산 투입이 커지고 있다. 둘째, AI는 아이디어에서 비즈니스의 전 과정에 함께할 수 있다. 제임스 다이슨이 5년 동안 5천 번이 넘는 시제품 수정 과정을 알 수 있었던 것은 이유는 당시 컴퓨터 시뮬레이션이 불가능했기에 직접 카운트했을 것으로 생각한다. 지금은 AI를 통해 더 많은 것들을 할 수 있으며, 의사결정 과정에서 많은 도움을 받을 수 있다.

콧(Khot, 2024)은 아이디어를 성공적인 비즈니스로 전환하는 5단계를 제시했다. 1단계, 모든 비즈니스는 시장에 존재하는 격차에서 시작한다. 이 격차를 찾아야 한다. 2단계, 확신이 생길 때까지 나의 비즈니스 콘셉트를 테스트하자. 온라인 포커스 그룹이나 가족, 친구, 지인들에게 테스트한다. 3단계, 내 비즈니스만의 독특한 가치 제안(Value Proposition)을 발굴해야 한다. 내 것이 다른 이유는 무엇인지, 잠재 고객에게 무엇을 권할지 고려해야 한다. 4단계, 지역의 자원을 활용해야 한다. 지역의 관련 기업가, 상공회의소, 회계사, 변호사 등을 찾고 네트워크를 구축해야 한다. 마지막으로, 내 비즈니스와 관련된 최적의 플랫폼을 찾아서 시장에 출시해야 한다. 고객이 될 것이라고 생각하는 플랫폼을 찾아야 한다. B2B의 경우 링크드인, B2C의 경우 인스타그램, 틱톡 같은 SNS가 더 효과적일 수 있다.

각 단계에서 비즈니스 리더는 AI를 때로는 도구로서, 때로는 공동 작업자로서, 때로는 생각 파트너로서 활용하며 함께 성장해야 한다.

기술 사업화와 AI

어떤 비즈니스든 요구하는 수준이 다를 뿐 기술을 기반으로 한다. 이때 공식적으로 문서화된 지식을 바탕으로 한다면 특허가 함께하며, 비공식적이며 암묵적인 지식을 바탕으로 한다면 영업 비밀에 해당한다. 특허를 기반으로 한다면 기술 수준이 높고, 영업 비밀을 기반으로 한다면 그 수준이 비교적 높지 않다. 그러나 기술 수준이 낮다고 비즈니스의 수준이 낮다고 말할 수 없다. 코카콜라는 1886년 존 펨버턴 박사가 최초의 배합을 발명한 이후 현재까지 영업 비밀을 유지하며 세계적인 명성을 유지하고 있다(코카콜라, 2018). 기술 사업화의 결과는 우리 곁에 많은 제품과 서비스로 존재한다.

기술 사업화는 「기술의 이전 및 사업화 촉진에 관한 법률」 제2조에 따라, "기술을 이용해 제품을 개발 · 생산 또는 판매하거나 그 과정이 관련 기술을 향상시키는 것"으로 정의된다. 박종복(2008)은 더 넓은 의미의 기술 사업화 개념을 "개발된 기술의 이전, 거래, 확산과 적용을 통해 부가가치를 창출하는 제반 활동과 그 과정"으로 설명했다. 즉, 아이디어에서 비즈니스까지 이르는 과정, 이에 더해 지속 가능한 경영을 기술과 함께한다면 이를 기술 사업화라고 말할 수 있다.

졸리(Jolly, 1997)는 기술 사업화에 대한 이론과 모형을 제안한 대표적인 학술적 연구다. 이후 국제 학계에서 다양한 모형이 소개되었지만, 지금도 많이 인용되는 본 연구를 기반으로 기술 사업화에 대해 더 자세하게 설명하고자 한다. 이 모형은 기술 사업화의 과정을 5단계로 구분해 설명하며, 각 단계도 중요하지만, 한 단계에서 다음 단계로 넘어가는 단계 간 전환 과정의 중요함을 강조했다.

1단계는 아이디어 착상 단계다. 연구 개발 결과나 아이디어를 시장의 기회와 연결해 기술의 잠재적 가치를 인식하는 단계다. 2단계는 보육이다. 착상 단계에서 도출된 아이디어를 구체화하고, 기술과 시장 관점 모두에서 타당성을 높이기 위한 초기 개발과 시제품 제작 등의 추가적인 연구 개발을 수행한다. 3단계는 시연 단계다. 이 단계에서는 개발된 기술을 실제 시장에서 판매할 수 있는 제품, 공정, 서비스로 구현한다. 4단계는 촉진 단계로, 시연 단계에서 입증된 기술을 시장에 소개하고, 전후방 이해관계자들의 제품 수용을 촉진해 본격적인 시장 진입을 준비한다. 마지막 5단계는 지속 단계로, 제품이나 서비스가 시장에 안착한 후 지속 가능한 경영을 위해 노력한다. 각 단계별 중요 역량은 다르지만 연구, 개발, 제조, 마케팅, 설계 역량의 조합이 요구된다.

각 단계마다 자금 확보, 인사, 노무, 법, 제조 등의 역량이 중요하며, 시행착오도 늘어난다. 각 과정의 중요 역량은 다음과 같다. 착상에서 보육 과정은 주위의 관심과 지지를 동원하는 것이 중요하다. 기회 인식과 타당성 평가, 이해관계자 조정, 필요 자원 정의와 동원이 그것이다. 보육에서 시연 과정은 시연에 필요한 자원을 확보하는 것이 최우선이다. 구체적으로는 기술의 성숙도 확보와 시제품 제작, 검증과 신뢰성 테스트, 초기 개발에서 얻은 피드백을 제품 개선에 통합하는 프로세스 통합 역량이 중요하다. 시연에서 촉진 과정은 시장과의 관계 구축이 중요하다. 커뮤니케이션과 마케팅 전략 구축, 고객 참여 및 관계 구축, 적합 판매 채널과 유통 전략 개발이 필요하다. 마지막으로, 홍보에서 유지 과정은 가치 제공을 위한 보완 자산의 동원이 필요 역량이다. 보완 자산이란 기업의 핵심 기술, 서비스, 제품이 시장에서 성공하기 위해 필요한 추가적인 자원이나 역량이다. 보완 자산의 폭은 넓다. 마케팅 역량 등을 포함하며, 코스피 상장 기업의 자회사일 경우 모기업의 존재도 보완 자산 중 하나다. 이 과정에서 제품 또는 서비스 확대와 품질 관리, 지속적인 연구 개발과 중장기 경영 환경 대응, 그리고 이해관계자 관리가 필요하다.

기술 사업화의 5단계에서 AI의 역할을 살펴보자. 아이디어 착상 단계에서는 AI를 통해 시장의 간극을 조사할 수 있다. 다양한 산업 보고서, 시장 보고서, 정부, 지

자체, 연구 기관 보고서를 종합적으로 조사하고 정리할 수 있다. 또는 처음부터 특정 국가와 고객, 제품 또는 서비스의 목적 등을 특정해 틈새시장을 공략할 수 있는 아이디어를 창출할 수 있다. 특허 빅데이터를 기반으로 유사한 작업을 진행할 수도 있다. 분명한 것은 비즈니스 리더 자신이나 팀보다 훨씬 방대한 데이터를 학습한 AI와 함께 생각할 수 있으며, 기존의 데이터와의 통합적인 학습도 가능하다. 2단계인 보육에서는 기술 위험, 규제 위험, 자원의 조달과 관련해 정보를 수집하고, 역할 플레이를 통해 위험을 미리 판단하고, 이의 대응 능력을 제고할 수 있다. 시연과 촉진 단계에서는 사업화 계획을 수립하고, 시장 진입을 위한 모의 테스트를 진행할 수 있다. 고객 구분에 따른 맞춤형 가치 제안서 작성이 가능하다. 상황에 따라 기민하게 대응할 수 있는 실시간 문서 협업 에이전트의 구축도 한 예다. 역할 플레이를 통해 상당수의 가상 B2C 고객 또는 B2B 고객 프로필을 생성하고, 가상 시장 테스트를 진행할 수 있으며, 시장 확대에 많은 도움을 줄 수 있다. 지속 단계에서는 국내외 시장 확대를 위한 전략 방향을 도출하거나, 새로운 규제를 조사하고, 이의 대응 방안을 모색할 수 있다. 소상공인을 포함한 중소기업 비즈니스 리더의 관점에서 이 단계는 안정화 단계

이후 새로운 무언가에 대한 대응이다. 경쟁 점포가 근거리에 생길 수 있고, 새로운 메뉴가 추가될 수 있고, 특정 원자재의 가격이 갑자기 오를 수도 있다. 사람을 한 명 더 채용해야 되는 고민이 생길 수 있으며, 이 외에도 매우 다양한 이슈들이 경영의 지속 가능성을 괴롭힌다. AI는 리더들에게 내 편에서 같이 생각해 주는 벗이 될 수 있다.

참고문헌

KBS뉴스(2024.2.23). "일본 '장난감 변신기술' 달 탐사 로봇에… '목재 위성'까지". 《KBS뉴스》. https://news.kbs.co.kr/news/pc/view/view.do?ncd=7898050

박종복(2008.2). 《한국 기술 사업화의 실태와 발전과제》. 산업연구원.

정라희(2020.5). "혁신의 아이콘 다이슨의 '날개없는 비상'". 《기술과혁신》. http://webzine.koita.or.kr/202005-culture/혁신의-아이콘-다이슨의-날개없는-비상

코카콜라(2018.12.19). "1급 기밀! 코카콜라 제조법에 담긴 비밀은?". https://www.coca-cola.com/kr/ko/about-us/history/coca-cola-secret-formula

Dyson, J.(1997). *Against the odds: An autobiography*. Orion Publishing.

Jolly, V. K.(1997). *Commercializing new technologies: getting*

from mind to market. Harvard Business School Press.
Khot, A.(2024.7.22). 5 Steps to turn an idea into a successful business. *Forbes.* https://www.forbes.com/councils/forbesbusinesscouncil/2024/07/22/5-steps-to-turn-an-idea-into-a-successful-business/

06

혁신 아이디어 생각 파트너

기술은 아이디어에서 출발하지만 비즈니스로 연결될 때 비로소 현실이 된다. 특허는 그 가능성을 알려 주는 단초다. 이 장에서는 생성형 AI와 특허 데이터를 결합해 시장의 숨은 기회를 어떻게 찾아낼 수 있는지, 그리고 그 기회를 구체적인 비즈니스 아이디어로 전환하는 방법을 다룬다. 기술 사업화에 관심 있는 비즈니스 리더라면 반드시 주목해야 할 내용이다.

AI와 야구?

생성형 AI는 무엇을 하는가

생성형 AI에 대한 학계의 시선을 살펴보자. 세드카오이와 베나이초바(Sedkaoui & Benaichouba, 2024)는 2022년 말부터 2024년 1월까지 학계에서 논의되었던 생성형 AI의 패턴, 응용, 윤리적 문제에 대한 연구를 전반적으로 고찰하고 정리했다. 2022년 11월 챗지피티 출시 후 연구 동향이다. 두 저자는 15개의 키워드를 사용해 국제 저널에 게재된 수많은 논문 중 연구 주제에 적합한 162편의 논문을 선정, 이를 다섯 가지 주제로 구분했다. 생성형 AI 핵심 기술 및 역량, 인간-AI 협업, 산업별 적용 및 영향, 윤리적 고려 사항, 신흥 트렌드 및 미래 방향이다.

연구 결과, 생성형 AI를 통해 인간의 아이디어 생성 효율이 40% 이상 향상했고, 특히 다양성 확장에서 강점을 보였다고 한다. 이는 3배 이상의 아이디어 변형 생성에서 기인한다. 그러나 AI 단독 사용 시 아이디어의 실용성 부족 문제를 지적하며 인간의 검토 필요성을 강조했다.

다양한 산업에서 생성형 AI를 활용한 결과도 제시했다. 교육산업에서는 맞춤형 학습 콘텐츠를 통해 전통적 교수법 대비 학습 성취도가 28% 향상했고, 제조업에서는 생산 공정 최적화를 통해 에너지 효율 19% 개선과 불량률 12% 감소 사례가 있었다. 의료 산업에서는 신약 개발 기간이 기존 대비 30% 단축된 사례도 있었다. 기간 단축은 비용과 직결되므로 수익성도 크게 개선되었다.

인간과 AI 협업에 대해서는 인간과 AI가 함께하는 하이브리드 접근법이 가장 효과적인 것으로 확인되었다. 예를 들면, 인간이 전략 기획 업무를 맡고, AI가 데이터 처리를 하는 조합은 혁신 성공률이 2.6배로 증가했다고 한다.

윤리적 쟁점 또한 제시했다. 데이터 편향성 문제가 73%의 연구에서 언급되었다. 특히 인종과 성별 관련 편향 사례들과 직무 대체 가능성에 대한 우려도 제기되었다.

이 연구는 생성형 AI 활용의 발달 과정을 알려준다. 초기 단계인 2022년에는 코드 자동 생성, 문서 작성, 디버깅 등 개발자의 생산성 향상과 고객 상담 자동화를 위한 챗봇 활용이 대세였다. 본격적인 확산 시기인 2022년 말부터 2023년까지 교육 분야, 의료 분야, 제조업 등 여러 산업에 적용되었다. 2023년 이후 창의성, 혁신, 아이디어 생성에 대한 논의가 지속적으로 이뤄졌고, 윤리 문제, 책임 있는 AI 연구 개발, 기업가 정신과 위기관리에서의 AI의 역할이 논의되었다. 말하자면, 최근의 국제 연구들은 생성형 AI 활용과 관련해 좁게는 아이디어 생성과 창의성, 넓게는 생각 파트너로서의 AI에 주목하고 있다.

혁신과 비즈니스의 연결

누군가에 의한 혁신의 결과를 문서화한 것을 특허라고 볼 수 있다. 세계지식재산기구(WIPO)에 의하면 특허는 발명에 대해 부여되는 독점적인 권리다. 발명가에게 발명에 대한 법적 보호를 제공함으로써 혜택을 준다. 우리나라 특허청에서는 특허의 요건으로 산업상 이용 가능성, 신규성, 진보성의 충족을 들고 있다. 특허의 기원을 살펴보면 15세기 르네상스 시기에 베네치아 공화국에서는 모직물 공업 등 신기술이 발전하면서, 발명가들이 자신의 혁신적 아이디어를 보호받을 필요성이 대두되었다. 이에 1474년 베네치아 특허 조례가 제정되어, 발명이 공개되는 대가로 일정 기간 독점적 권리를 부여하는 최초의 성문 특허 제도가 마련되었다(Long, 1991).

현대 사회에서 특허는 발명가에 대한 배타적 권리 보호에 초점이 맞춰져 있지만, 시작은 발명가에 의한 혁신이 사회에 공유되는 데 목적이 있었다. 즉, 특허를 통해 우리는 혁신의 결과를 파악할 수 있다.

학계나 산업계에서는 특허 정보를 활용한 분석을 꾸

준히 진행하고 있다. 특히 글로벌 기업들의 경우, 기술 동향 파악과 특허 분쟁에 대응하기 위해 더 적극적이다. 현재는 빅데이터에 대한 접근 가능성이 제고되었고, 분석 기술을 제공하는 플랫폼 활용 등으로 분석 대상이 넓어지고 있다. 기존의 대부분의 분석은 기술 자체에 집중해 기술 간의 연계성을 파악해 혁신의 가능성을 탐색했다(Lee et al., 2017). 이것을 기술 기회 분석(TOA, Technology Opportunity Analysis)이라고 한다.

특허 분석 방법론도 꾸준히 발전하고 있다. 특허 간의 인용 정보를 추출해 인용 및 패밀리 특허 군을 분석할 수 있다. 이를 통해 특허의 영향력, 기술적 연관성, 글로벌 영향력 등 다양한 정보 파악이 가능하다(Nakamura et al., 2015). 단순한 표나 수치로 정보를 제시한다면 이해가 어려울 수 있다. 이를 위해 중요한 방법론은 시각화다. 네트워크 그래프, 특허 지도망 등을 통해 클러스터, 트렌드, 특허의 분포 영역 등을 비교적 쉽게 파악할 수 있다(Kim et al., 2008). 특허의 수가 작다면 한눈에 파악이 가능할 수 있으나, 보통 수만에서 수십만 건의 특허를 분석하고, 원하는 영역은 더욱 범위를 좁혀가며 살펴봐야 한다. 특허 분석을 위해 중요한 기반은 특허 정보의 전처리 작업이다. 이때 AI, 머신 러닝, 자연어 처리 기술

등이 도움을 준다. 분류, 출원인, 발명자, 출원국, 특허 분류 코드 등을 자동화해 추출할 수 있으며, 워드투벡(Word2Vec) 같은 텍스트 마이닝 기법들은 정밀하고 유의미한 정보를 도출하는 데 큰 도움을 제공한다. 기술망 지도를 통한 공백 기술 탐색, 경쟁사와 비교한 강점과 약점 파악, 잠재 특허 침해 분석, 잠재 유망 기술 분석, 기술 예측 같은 분석이 가능하다.

기술 사업화의 관점에서 생각해 보면, 기술은 경제적 가치를 창출하기 위해 기획 단계부터 시장의 기회, 즉 비즈니스와 연계해 아이디어를 착상해야 한다. 즉, 기존의 특허 분석은 기술 기회 분석의 관점에서 크게 벗어나지 못하므로, 기술 사업화의 관점에서 아이디어가 착상되어야 한다. 생성형 AI를 활용한 특허 정보 기반의 비즈니스 기회 분석은 기술 사업화 관점에서의 혁신 아이디어 창출이 가능하다.

특허 정보를 찾기 위해 참고할 데이터베이스를 소개한다. 국제 특허 데이터베이스로는 유럽특허청에서 제공하는 이스페이스넷(Espacenet), 세계지적재산권기구에서 제공하는 패턴트스코프(Patentscope), 클래리베이트 애널리틱스(Clarivate Analytics)에서 제공하는 더웬트 이노베이션(Derwent Innovation) 등이 유명하다. 1

억 건 이상의 특허 문서를 무료로 열람할 수 있으며, 데이터베이스를 다운받는다면 더욱 의미 있는 비즈니스 기회 탐색이 가능하다. 국가별 데이터베이스로 본다면 한국의 KIPRIS, 미국의 USPTO, 일본의 J-PlatPat, 중국의 CNIPA가 있다. 대부분의 데이터베이스에서 특허, 실용신안, 상표, 디자인 출원과 등록 정보의 확인이 가능하며, 전문 검색도 제공한다. 이와 같은 정보는 특허 빅데이터 분석 또는 AI에 제공할 수 있는 기반 정보에 많은 도움을 줄 수 있다. 자세한 정보를 제공할수록, 의미 있는 결과의 도출이 가능하기 때문이다.

본인이 가지고 있는 기술이나 특허와 융합할 수 있는 기술이나 특허는 어떤 것이 있는지, 비즈니스에 어떻게 적용될 수 있는지에 대해 AI와 함께 생각할 수 있다. 국내에 한정한다면 국내 데이터베이스의 정보가 중요할 것이며, 국제 무대에서 활동하고자 한다면 국제 특허 데이터베이스를 활용하면 된다.

특허 정보를 기반으로 AI를 활용한 비즈니스 기회 탐색을 시도한 연구가 적어 필자의 연구 팀에서 진행해 국제 우수 저널에 투고한 사례를 소개하고자 한다. 우리는 세계지식재산기구에서 공개한 지원 기술(Assistive Technology) 분야의 특허를 활용했다. 이는 장애인의 기능적 능력과 독립성을 유지 또는 향상하기 위해 고안된 광범위한 기술과 제품을 포괄하는 용어다. 특히 이안의 주요 갈래 중 하나인 떠오르는 기술 영역에 집중했는데, 여기에는 인공지능, 사물 인터넷, 첨단 센서, 로봇공학 등이 포함되어 장애인뿐 아니라 고령층을 위한 기술로도 볼 수 있다.

1995년부터 2022년까지 공개된 한국, 중국, 일본의 17761개 특허를 추출했으며, 데이터 전처리와 특허 네트워크 분석을 위해 아나콘다, 파이썬 프로그램을 사용했고, 비즈니스 아이디어의 연계를 위해 챗지피티-4o 모델을 사용했다. 연구 방법론으로 데이터 수집 및 전처리, 텍스트 기반 클러스터링 분석, 타임라인 네트워크 분석, 중심성 분석, 클러스터링 및 커뮤니티 분석, 챗지피티를 활용한 비즈니스 아이디어 태깅의 6단계를 적용했다.

연구 결과를 요약하면, 국가별 보조 기술 특허의 특성과 트렌드가 상이하며, 장애인과 고령층을 대상으로 한 비즈니스 아이디어에도 차이가 있음을 확인했다. 동일한 특허 정보를 가지고 비즈니스 다각화가 가능하다는 것을 의미한다.

한국의 결과만 간략하게 설명한다면, 한국의 주요 특허들은 자동화와 접근성, 보안과 연결성 강화, 헬스케어와 신뢰성 분야로 지원 기술군이 분류되었다.

자동화와 접근성 분야에서는 동일한 특허 군집 정보라도 장애인을 위한 비즈니스 아이디어로 휠체어 보조 같은 이동 보조, 고령자용 비즈니스 아이디어로는 길 찾기 보조로 구분해 아이디어를 제시했다. 즉, 장애인에게는 보조 기능 강화에, 고령자에게는 일상 편의성 증대에 초점을 맞춰 AI가 아이디어를 제시했다. 나머지 두 분야에서 동일한 특허 군집을 기반으로 타깃 시장에 대한 상이한 비즈니스 아이디어를 제공했다.

위와 같은 방법으로 우리는 무한한 아이디어의 확장이 가능하다. 성별, 연령, 지역, 자산 수준, 학력 수준, B2B, B2C 등 다양한 조건을 반영할 수 있다. 연구 팀의 경우 학술적인 목적을 위해 대용량 특허 데이터베이스를 이용했지만, 상황에 따라 본인이 소유하고 있는 특허를 제시한 활용도 충분히 가능하다.

연구 팀에서 활용한 프롬프트는 다음과 같다. 영어로 번역해 활용한다면 더욱 좋은 결과의 도출이 가능하다.

> "귀하는 폭넓은 지식과 전략적 사고를 활용해 새로운 기술을 시장 기회와 연결하는 노련한 특허 전문가입니다. 특허 설명을 바탕으로 기존 시장을 혼란에 빠뜨리거나 향상할 수

있는 상업적 도전을 식별하고 명확하게 표현하는 능력은 우리에게 필요한 전문성입니다."

"이 특허 초록을 읽어보세요: {row[column_name]}. 그리고 주어진 특허의 초록을 분석하고 해당 기술을 사용해 {object}를 대상으로 하는 비즈니스에 적용할 수 있는 방법을 세 단어 이하로 간결하게 제안하세요."

"컨텍스트는 다음과 같습니다.

특허 초록: {row[column_name]}

보조 기술 적격성 등급: {object}"

참고문헌

Kim, Y. G. et al.(2008). Visualization of patent analysis for emerging technology. *Expert systems with applications, 34*(3), pp.1804~1812. https://www.researchgate.net/publication/222513698_Visualization_of_patent_analysis_for_emerging_technology

Lee, J. et al.(2017). Technology opportunity discovery to R&D planning: Key technological performance analysis. *Technological forecasting and social change, 119*, pp.53~63. https://ideas.repec.org/a/eee/tefoso/v119y2017icp53-63.html

Long, P. O.(1991). Invention, Authorship, "Intellectual Property," and the Origin of Patents: Notes toward a Conceptual History. *Technology and culture, 32*(4), pp.846~884.

Nakamura, H. et al.(2015). The effect of patent family information in patent citation network analysis: a comparative case study in the drivetrain domain. *Scientometrics, 104*, pp.437~452. https://www.researchgate.net/publication/279969293_The_effect_of_patent_family_information_in_patent_citation_network_analysis_a_comparative_case_study_in_the_drivetrain_domain

Sedkaoui, S. & Benaichouba, R.(2024.8). Generative AI as a transformative force for innovation: a review of opportunities, applications and challenges. *European journal of innovation management.* https://www.researchgate.net/publication/382803338_Generative_AI_as_a_transformative_force_for_innovation_a_review_of_opportunities_applications_and_challenges

07
비즈니스 아이디어 생각 파트너

비즈니스 아이디어는 창의성만으로 충분하지 않다. 시장 적합성이 수반되어야 한다. AI는 단순한 도구를 넘어 전략적 사고를 보완하는 동반자로 부상하고 있다. 좋은 아이디어를 빠르게 생성하고, 소비자 관점에서의 시장 반응을 고려한다. AI의 역량은 비즈니스 아이디어 발굴의 구조를 근본적으로 바꾸고 있다.

AI와 윤동주?

돈이 되는 비즈니스 아이디어

비즈니스를 생각하는 사람이라면 '와 이것은 아무리 생각해도 대박인데!'라는 생각을 한 번쯤은 해본 적이 있을 것이다. 그러고 나서 자료를 검색해 보고, 주위를 찾아봤을 때 내가 생각한 아이디어가 보이지 않는다면 더욱 확신이 들 수 있다. 그러나 과연 이 아이디어는 시장에서 인정받고, 돈이 되는 비즈니스 아이디어가 될 수 있을 것인가. 그럴 수도 있고, 아닐 수도 있다.

비즈니스 아이디어와는 다른 얘기일 수 있지만, 이런 과정은 대학원 과정에서의 학술 연구와도 일맥상통하는 면이 있다. 대학원 석사 과정에 입학해 연구를 시작하면 응당 세상을 바꿀 이론 또는 주제에 욕심을 내고, '세상에 없는 무언가'에 집중하게 된다. 그리해 '와 이것은 아무리 생각해도 대박인데!'라는 주제를 가지고 지도 교수에게 말했을 때 당시 지도 교수는 내게 이런 질문을 던졌다. '그렇게 좋은 주제인데 연구가 되어 있지 않다면 두 가지 경우를 의심해 봐야 하지 않을까? 첫째, 생각보다 학문적으로 중요하지 않은 주제일 수 있다. 둘째, 중요한 것은 맞지만 연구를 진행하는 데 불가능성에 부딪힐 가능성이 있다'. 이후 지금까지도 이 부분을 항상 경계하며 진행한다. 물론 두 번째 사항인 불가능성과 관련해서는 경험이 쌓인 덕에 주제를 생각함과 동시에 어느 정도 파악이 가능하다.

연구를 처음 시작하는 지도 학생들에게 강조하는 것은 연구는 우리가 흔히 산에서 볼 수 있는 먼저 올라왔던 사람들이 쌓아놨던 돌탑의 가장 윗부분에 아주 작은 돌을 올려놓는 것이라는 것이다. 소규모 비즈니스 또한 마찬가지다. 시작은 아주 작은 니즈를 발견하고, 이 문제를 해결하며 검증해 나가며 확장해야 한다.

시장에서 인정받을 수 있는 비즈니스 아이디어와 학계에서 인정받을 수 있는 연구 아이디어의 공통점은 아이디어의 검증과 확신이 부족하다는 것이다. 주위에 관련 전문가들이 충분히 존재할 경우 어느 정도 해결이 가능하지만, 만약 그렇지 못하다면 어떻게 해야 할 것일지 생각해 보자. 이번 장부터 본격적으로 제안하고자 할 얘기는 AI를 믿어보자는 것이다.

김영환과 김지은(2023)은 한국 창업 기업의 5년 생존율을 33.8%로 밝혔다. 즉, 평균 66%는 폐업한다는 것이다. 이처럼 비즈니스는 원래 험난한 길이다. 창업 실패에는 몇 가지 주요한 이유가 있다. 재무적 요인, 시장 적합성 문제, 수익성이 고려되지 못한 비즈니스 모델, 팀 구축과 갈등, 창업자의 번아웃, 제품 또는 서비스의 시장 진입 타이밍 등 다양하다. CB Insights(2021)는 글로벌 관점에서 스타트업이 실패하는 12가지 이유를 발표했다. 재무적 요인이 38%로 1위, 제품 또는 서비스와 시장 니즈의 부적합성이 35%로, 이 두 가지 이유가 가장 주요한 이유로 부각되었다. AI는 35%를 차지한 시장 적합성 문제에 대해 함께 고민하고 생각할 준비가 되어 있다.

돈이 되는 비즈니스 아이디어는 단순히 혁신적인 아이디어가 아니다. 투자자에게 매력을 보여줄 수 있고, 실제로 시장에서 수익을 창출할 수 있는 아이디어다. 시장과 소비자의 문제를 정확히 이해하고 이를 효과적으로 해결하는 아이디어가 시장에서 돈이 되는 비즈니스 아이디어로 인정받을 수 있다.

사람과 AI의 아이디어 대결

AI가 대중에게 확실한 인식을 심고, 폭발적인 성장을 하게 된 역사적인 사건은 2016년 3월 펼쳐진 알파고와 이세돌 9단의 바둑 대결이었다.

이전까지 체스는 AI가 이길 수 있어도, 경우의 수가 너무 많은 바둑은 인간의 영역이라고 인지하고 있었으나, 이 대결에서 5번의 대국 중 4국만을 이세돌 9단이 승리를 거두면서 4승 1패의 기록으로 대결이 마무리되었다.

이후 프로 바둑기사가 AI에 승리를 거둔 기록은 전해지지 않고 있다. 이후 딥 러닝과 강화 학습 등 다양한 영역에서 AI가 빠르게 발전했으며 지금에 이르렀다.

이제 비즈니스 아이디어 대결로 무대를 옮겨보고자 한다. 돈이 되는 비즈니스 아이디어를 생각해 본다면 시장 조사와 창의력, 분석력이 결합해야 한다. 그렇다면 이렇게 종합적인 예술의 영역에서 사람은 AI보다 월등히 우수한 역량을 발휘할 수 있을지 생각해 보자. 이 대결은 미국에서 진행된 바가 있다. 펜실베이니아 대학교 와튼 스쿨 경영전문대학원(MBA)에서 비즈니스 아이디어 생성에 대해 대학원생과 AI의 대결이 진행된 바 있다. 와튼 스쿨 MBA는 《파이낸셜타임스》가 선정한 세계 100대 비즈니스 스쿨 순위에서 2024년 세계 1위에 올랐으며, 1999년 이후 11차례 1위를 기록한 전통의 학교다. 전 세계에서 온 현업 경험이 풍부한 우수한 인재들로 구성된 엄선된 비즈니스 전문가들과 AI의 대결이었다.

마인케 등(Meincke et al., 2024)은 MBA 학생들과 챗지피티의 GPT-4 모델 간 혁신적인 아이디어 생성 능력을 비교한 연구를 진행했다. 이 연구는 수업 내 과제를 기반으로 진행되었는데, 연구 팀은 MBA 학생과 인공지능에 동일한 과제를 제안했다. 대학생을 위한 50달러 이하의 새로운 제품이나 서비스 아이디어를 200개 생성하는 것이다. 실험을 위해 세 가지 아이디어 풀을 구성했는데, 학생이 생성한 아이디어, 사전 예시 없이 프롬프트만 제공(제로샷 프롬프트)한 AI, 학생들이 만든 고평가 아이디어 6개를 예시로 제공한 후 프롬프트를 제공(퓨샷 프롬프트)한 AI다.

이 연구는 구매 의도 기반 아이디어 평균 품질, 아이디어 중복성, 독창성을 기준으로 평가를 진행했다. 구매 의도 기반 아이디어 평균 품질의 경우, 실제 타깃 소비자였던 미국 대학생을 대상으로 진행했다. 설문은 온라인 설문 조사 플랫폼을 사용했다. 한 응답자는 평균적으로 각 아이디어를 20명씩 평가하고, 5점 척도로 응답하게 했다. 전체 아이디어 수는 학생 200개, 제로샷 프롬프트 AI 100개, 퓨샷 프롬프트 100개로 구성된 총 400개였다.

구매 의도는 퓨샷 프롬프트 AI가 가장 높았으며, 그다음으로 제로샷 프롬프트 AI, 학생 아이디어 순이었다. 놀랍게도 프롬프트의 종류와 무관하게 사람과 AI 간의 구매 의도는 통계적으로 유의미한 수준에서 차이가 있는 것으로 나타났다. 생성된 아이디어가 실제 시장에서 인정받는 정도가 분명하게 차이가 존재하며, AI가 인간보다 더 좋은 성과를 확보했다. 개인적으로 실로 놀라운 결과라고 판단한다. 프롬프트 종류에 따른 AI 간의 구매 의도 차이는 통계적으로 유의미한 수준까지는 나타나지 않았다.

분석 결과를 더욱 깊숙이 들어가 보도록 한다. 전체적인 평균은 낮아도 시장에서 우수한 상위 아이디어는 인간이 우월할 수도 있다. 연구 팀들은 이 부분까지도 살펴봤다. 400개 아이디어 중 상위 10%인 40개 아이디어를 어느 그룹이 생성했는지 비율을 살펴봤다. 너무나 놀라운 결과가 나타났다. 최상위 40개 아이디어 중 오직 4개인 12.5%만이 인간에 의해 생성된 아이디어였고, 35개인 87.5%는 AI에 의해 생성된 아이디어가 시장에서 구매 의도가 높은 것으로 나타났다. 35개 AI 아이디어 중 제로샷 프롬프트가 15개, 퓨샷 프롬프트가 20개로 전체 평균 점수 결과와 궤를 같이하고 있었다.

그렇다면 인간은 어떤 측면에서 강점이 있었을까? 두 번째 평가 지표인 중복성을 살펴보자. 인간의 아이디어 생성 결과는 AI와 달리 유사도가 매우 낮은 것으로 나타났다. 학생, 제로샷 프롬프트 AI, 퓨샷 프롬프트 AI 순으로 유사도가 높게 나왔다. 놀라운 것은 인간의 아이디어를 기반으로 예시를 줬던 퓨샷 프롬프트 AI는 그렇지 않았던 제로샷 프롬프트 AI보다 유사도가 높게 나왔다. 이 세 그룹은 통계적으로 유의미한 수준에서 그룹 간 차이가 모두 존재하는 것으로 밝혀졌다.

세 번째 지표인 독창성 평가 결과를 보면 인간의 강점이 다시 한 번 드러난다. 독창성은 대학생 응답자들에게 다음과 같이 질문하고 5점 척도를 사용해 각 아이디어의 독창성을 측정 및 평균 독창성 점수를 대푯값으로 사용했다. "당신이 지금까지 본 제품들과 비교해 이 새로운 제품 아이디어가 얼마나 새롭다고 생각하십니까?"의 질문이다. 결과는 구매 의도와 정반대로 나타났다. 즉, 학생의 아이디어는 AI 타입과 무관하게 AI보다 독창성이 높은 것으로 나타났다. AI 그룹 간에는 타입과 상관없이 독창성의 차이가 없는 것으로 밝혀졌다. 이 결과들은 모두 통계적 유의성이 함께 한다. 즉, 분명하게 인간이 생성한 아이디어는 AI보다 독창성에 우위에 있는 것으로 나타났다.

이 연구의 저자들은 연구 과정에서 드러난 중요한 내용을 공유했다. AI는 시간당 200개의 독창적인 아이디어를 생성할 수 있었다. 반면에 인간은 15분에 5개의 아이디어를 생성했으나, 챗지피티와 협력했을 경우, 15분에 200개의 아이디어를 생성할 수 있었다고 한다. 즉 40배의 아이디어 생산성을 확보하는 결과를 가져왔다. 이를 통해 인간이 AI와 협력할 때 잠재력을 강하게 피력했다. 이는 AI가 인간의 경쟁자가 아니라 인간의 창의성을 증폭시킬 수 있다는 것이다.

델라쿠아 등(Dell'Acqua et al., 2025)은 이러한 맥락을 뒷받침한다. 프록터 앤드 갬블 임직원 776명을 대상으로 한 대규모 실험 연구를 통해 생성형 AI가 조직 내 협업, 전문성, 감정적 상호작용에 미치는 영향을 분석했다. 연구 결과 개인이 AI와 함께할 경우 AI를 사용하지 않는 팀의 성과를 대체할 수 있다고 나타났다. 또한 개인이든 팀이든 AI와 함께할 경우 작업 시간이 15% 내외 줄어드는 것으로 나타났으며, 팀과 AI가 함께한다면 최상위 아이디어 생성이 3배 이상 증가했다. 부서 간 칸막이를 제거하고, 팀 내 역동성을 높이며, 긍정적 감정을 증가시켰다.

마지막으로 와튼 스쿨에서 비즈니스 아이디어 생성을 위해 사용했던 프롬프트를 소개한다.

"귀하는 새로운 제품 아이디어를 창출하고자 하는 창의적인 기업가입니다. 이 제품은 미국 내 대학생을 대상으로 합니다. 서비스나 소프트웨어가 아닌 실물 상품이어야 합니다. 미화 50달러 미만의 소매가로 판매할 수 있는 제품을 원합니다. 아이디어는 아이디어일 뿐입니다. 제품이 아직 존재하지 않거나 실현 가능성이 명확하지 않을 수도 있습니다. 모든 아이디어에 번호를 매기고 이름을 붙입니다. 이름과 아이디어는 콜론으로 구분합니다."

"10개의 아이디어를 10개의 단락으로 만들어 주세요. 아이디어는 40~80개 단어로 구성된 단락으로 표현해야 합니다."

참고문헌

김영환 · 김지은(2023). 《한국의 혁신창업생태계 대시보드(22년 4분기)》. 과학기술정책연구원.

CB Insights.(2021). "The Top 12 reasons startups fail". https://www.cbinsights.com/research/report/startup-failure-reasons-top/

Dell'Acqua, F. et al.(2025). *The Cybernetic teammate: A field experiment on generative AI reshaping teamwork and expertise*. Harvard business school working paper, 25-043. https://papers.ssrn.com/sol3/papers.cfm?abstract_id=5188231

Girotra, K. et al.(2010). Idea generation and the quality of the best idea. *Management science, 56*(4), pp.591~605. https://www.researchgate.net/publication/220535239_Idea_Generation_and_the_Quality_of_the_Best_Idea

Meincke, L. et al.(2024.10.31). *Using large language models for idea generation in innovation*. The Wharton school research paper. https://papers.ssrn.com/sol3/papers.cfm?abstract_id=4526071

08
경영 의사결정 생각 파트너

중소기업 리더의 하루는 수많은 의사결정의 연속이다. 자금 조달, 인력 관리, 가격 전략, 경쟁 대응 등 복잡한 과제 속에서 빠르고 정확한 판단은 곧 생존의 문제다. 전문 인력이나 외부 자문 없이 스스로 모든 결정을 내려야 하는 이들에게 AI는 신뢰할 수 있는 생각 파트너로 주목받고 있다. 변화하는 시장 속에서 AI는 언제 어디서나 접근할 수 있는 조력자가 되어, 중소기업의 경영 리스크를 줄이고 결정의 질을 높이는 데 기여할 수 있다.

AI와 한의학?

매 순간이 의사결정의 순간

소상공인을 포함한 중소기업 리더들이 직면한 애로 사항은 다양하다. 중소벤처기업부(2025)에 따르면 다음과 같이 주요 요인들을 꼽는다. 동일 업종 경쟁 심화, 원재료비와 재료 매입비, 상권 쇠퇴, 보증금과 월세, 최저 임금 영향 등이다. 이와 함께 온라인 플랫폼 관련 디지털 전환, 지속 가능성 제고 등 다양한 직간접적 애로 사항이 있다.

하지만 중소기업 비즈니스 리더들이 체감하는 상황은 이런 거시적인 표현 아래 더 실질적인 문제들이 많다(김화영 · 김선경, 2021). 이들의 하루는 수많은 작은 결정의 순간으로 채워져 있다. 대기업과 달리 전문 부서나 컨설턴트의 지원 없이 모든 의사결정을 혼자 감당해야 할 경우가 비일비재하다. 이에 따른 책임 또한 온전히 감당해야 한다. 즉, 비즈니스 의사결정의 순간은 시시각각 다가오며, 이러한 불확실성의 누적은 사업의 변동성을 불러온다(최도영 · 이건창, 2016).

예를 들어 동네에서 제과점을 운영하는 고 사장은 매일 아침 어느 정도의 빵 생산량을 결정해야 한다. 날씨, 요일, 주변 이벤트 등 여러 변수에 따라 판매량이 달라질 수 있는데 이에 대한 예측이 너무 어렵다. 생산량이 늘면

폐기 비용이 발생하고, 줄이면 매출 기회를 놓치게 된다. 최근 유럽과 미국에서는 이런 문제를 해결하기 위한 서비스를 제공하는 '투굿투고' 등의 앱이 있지만, 가장 좋은 것은 고 사장의 의사결정의 정확도를 높이는 것이다.

소규모 제조업체를 운영하는 강 사장은 주문량에 따라 일용직 인력을 고용해야 할지 매일 결정해야 한다고 가정하자. 인력을 더 쓰면 비용이 증가하지만, 부족하면 납기를 맞추기 어렵다. 동네 식당을 운영하는 주 사장은 가까운 거리에 생긴 경쟁 식당 때문에 최근 잠을 편히 못 잔다. 메뉴의 다변화 또는 집중화, 메뉴 가격 조정, 음료와 주류 가격 조정 등 다양한 생각이 들지만, 쉽사리 결정하기 힘들다. 가격을 내리면 마진이 줄어들고, 그렇다고 유지하자니 손님들이 이동할 것 같다. 동네 1인 미용실을 운영하는 우 사장은 최근 손님이 늘어 고민이 많다. 헤어 디자이너를 한 명 더 고용할지 말지에 대한 결정이다. 인건비와 매출액을 비교해야 하며, 과연 어느 정도의 매출액이 증가할지, 장기적으로 사업에 도움이 되는 방향일지에 대한 고민이다.

위와 같은 수많은 작은 결정들이 우리 주위 리더들이 겪는 현실적인 고민이다. 이때 많은 리더는 바란다. 일상적 의사결정에 도움을 줄 수 있는 나만의 컨설턴트가 있기를 말이다. 누군가 옆에서 '이런 상황에서는 이렇게 하는 게 좋습니다'라고 조언하면서 저렴하고 접근할 수 있는 컨설팅 서비스를 간절히 원한다.

위와 같은 소프트 인프라가 부족한 것은 단순히 생각해 보면 지역 격차라고 생각할 수 있지만, 실상을 살펴보면 수도권의 소상공인과 중소기업 모두 마찬가지다. AI는 이러한 일상의 비즈니스 리더에게 믿을 만한 도움을 줄 수 있고, 저렴한 비용으로 24시간 함께하며 배신하지 않는다.

AI와 함께하는 경영 의사결정

경영 의사결정 지원에도 AI가 훌륭한 파트너가 될 수 있는가에 대해 연구한 사례가 있어 소개하고자 한다. 오티스 등(Otis et al., 2024)은 케냐의 중소기업 640곳의 대표를 대상으로 5개월간 실험을 진행해 생성형 AI의 활용이 기업의 재무 성과에 미치는 영향을 살펴봤다. 케냐의 중소기업 기업가를 연구 대상으로 선택한 이유는 개발도상국에서 맞춤형 비즈니스 조언을 얻기 어렵기 때문이라고 밝혔다. 이 연구는 하버드 비즈니스 스쿨에서 최근 진행한 연구로, 한국에서 컨설팅을 받기 쉽지 않은 많은 리더들에게 시사점을 제공한다.

이들 저자들은 페이스북 광고 등을 통해 케냐 전역에서 연령, 업종, 지역을 다양하게 배분해 640명의 사업자를 선별했다. 본격적인 실험에 앞서 총 세 번의 사전 설문을 진행해 각 기업의 기존 월 매출, 이익, 경영 실무 등을 포함한 기초 자료를 확보했다. 이들은 실험 대상을 두 그룹으로 구분했고, 한 그룹은 AI를, 한 그룹은 국제노동기구에서 개발한 중소사업자용 사업 가이드를 제공했다. 실험 당시 사전 조사 자료를 기반으로 두 그룹이 최대한 유사한 특성을 가지도록 했다.

AI는 GPT-4 기반의 AI 멘토를 카카오톡과 유사한 왓츠앱(WhatsApp)을 통해 제공했다. 사용자가 질문을 남기면 AI가 세부적인 솔루션을 3~5개 제공했으며, 구체적인 조언과 그 이유 또한 함께 자동으로 생성하게 설정했다. 또한 케냐 상황에 맞도록 사전 시스템 프롬프트를 작성해 두었다. 예를 들어 '케냐 사업자에게 맞춤형 조언을 해라' 같은 내용이다. 또한, 일정 주기로 알림을 보내 AI 멘토를 적극 활용하도록 유도했다. 다른 그룹에는 책자 형태의 사업 가이드북을 제공하고, 마찬가지로 이 책자를 참고하도록 알림을 보냈다.

실험 개시 후 2개월 동안 총 네 차례의 후속 설문을 통해 주간, 월간 단위 매출과 이익을 추적했다. 이렇게 언은 재무 성과 데이터를 실험 전과 비교해 얼마나 변화가 있었는지 기록했다. AI 제공 그룹에는 왓츠앱상의 실제 대화 로그를 확보해 참가자가 어떤 질문을 어떻게 했는지, 그 질문이 얼마나 난도가 높은 문제였는지 등을 후속 분석에 활용했다.

분석 결과는 다음과 같다. AI 멘토를 쓴 그룹과 가이드북을 쓴 그룹 사이에 통계적으로 유의미한 재무 성과의 차이는 없었다. 단순하게 생각하자면 AI의 긍정 또는 부정 영향이 통계적으로 0에 가깝다고 볼 수 있다. 그러나 연구진이 한 단계 더 깊이 분석한 결과 재미있는 결과를 발견했다. 사전 조사에서 매출액과 이익이 높았던 고성과 그룹의 경우, AI를 사용해 이익이 약 20% 증가하는 결과를 보였다. 그러나 매출과 이익이 낮았던 저성과 그룹의 경우 AI를 사용했을 때 오히려 매출과 이익이 10% 정도 감소하는 경향이 발견되었다. 결과적으로 AI가 그룹 간 격차를 더 벌리는 요인이 된 것으로 나타났다.

저자들은 후속 분석으로 AI 멘토와의 대화 기록을 분석해 고성과 그룹과 저성과 그룹의 질문을 비교 분석했다. 두 그룹 간 질문의 수량, 길이 혹은 일반적인 품질에는 유의미한 차이가 발견되지 않았다. 대신 저성과 그룹의 기업가들은 AI 멘토에게 보다 '챌린지 포커스'가 높은, 즉 해결하기 어려운 복잡한 문제에 대해 질문했지만, 고성과 그룹은 비교적 덜 어려운 문제에 대해 문의하는 경향이 나타났다.

고성과 그룹이 AI 멘토에게 했던 질문은 다음과 같다. "저는 오랫동안 곡물 상점을 운영해 왔고, 최근 2년 동안 성과가 매우 좋습니다. 더 많은 고객에게 서비스를 제공하고 판매 제품을 늘리기 위해 어떤 전략을 사용할 수 있을까요?", "저는 미용실과 이발소를 한 공간에서 운영하고 있는데, 최근 고객들이 면도 후 마사지에 관심을 보이기 시작했습니다. 이 기회를 잘 잡을 수 있도록 도와주세요."

저성과 그룹이 AI 멘토에게 했던 질문은 다음과 같다. "현재 매장에서 손실이 발생해 수요 부족으로 인해 파산 위기에 처해 있습니다. 조언을 부탁드립니다", "처음에는 주변에서 가장 잘 팔리는 미용용품점이었지만 지금은 거의 최하위로 떨어졌습니다. 문제점이 무엇인지, 어떻게 해결할 수 있을지 알려주세요."

위의 질문들을 통해 우리가 알 수 있는 차이는 질문의 품질이다. AI를 활용하는 데 많은 전문가가 강조하는 점은 질문을 잘 해야 한다는 것이다. '잘'이라는 표현에 큰 부담을 느끼기보다 진솔하고 솔직하게 질문하면 좋은 답변을 얻을 수 있다. 최대한 나의 사업 동반자, 배우자, 친한 친구에게 얘기하듯 자세하게 나의 상황을 얘기하고 질문해야 한다. AI는 자신이 들은 얘기를 다른 이, 특히 나의 경쟁자에게 하지 않기에 오히려 믿을 수 있다.

추가로 유추할 수 있는 부분도 존재한다. 고성과 그룹은 새로운 기회와 관련한 질문이 많았고, 해결책을 실행하기 위한 자금 또는 인력의 일부는 이미 어느 정도 갖춘 상태임을 유추할 수 있다. 반면, 저성과 그룹은 기존 사업의 지속적인 문제에 기반한 근본적인 경영 악화에 대해 긴급히 해결해야 하는 과제를 물어본 경향이 있다. 저성과 그룹이 만약 AI로부터 적합한 조언을 얻었다고 가정해도 현실에서 실행을 위한 추가 비용이나 리스크 측면에서 문제가 있었을 가능성이 높다. 반면 고성과 그룹은 AI의 조언을 비교적 수월하게 실천할 수 있었을 것이다.

우리가 이를 어떻게 활용해야 할지 고민해 보자. 일단 가능한 문제와 어려운 문제를 구분할 필요가 있다. 이는 회사의 역량이나 재무 상태를 고려해 우리가 할 수 있는 범위 내에서 실행할 수 있는 문제를 질문해야 한다는 의미다. 그다음 작은 문제부터 실험해 볼 것을 제안한다. 처음부터 사업 전략 단위보다는 광고 문구 개선, 고객 응대 스크립트 개발 등 작은 단위의 의사결정부터 AI와 함께해 보자. 만약 소규모 실험에서 좋은 성과를 거뒀다면 활용 영역을 확장해 볼 것을 추천한다. 한 제품군에 대해 적용해 보고, 이에 대한 장단점을 파악한 뒤 다른 제품군으로 확장하는 것이다.

또 하나 중요한 점은 AI를 생각 파트너로 인식하는 것이다. 좋은 질문은 진솔함을 뜻한다. 진솔함은 맥락의 공유를 의미한다. 예를 들어 "우리 가게는 한식을 만드는 테이블 6개, 직원 2명 규모의 식당이다. 추가 종업원을 뽑을지, 메뉴를 확장할지, 온라인 배달을 강화할지 궁금하다"와 같이 실제 고민을 맥락과 함께 구체적으로 질문하면 더욱 실질적인 아이디어를 구할 수 있다. 이렇게 나온 아이디어에 대해 실제 나의 업종, 지역 특수성, 고객 특성과 얼마나 부합하는지 스스로 판단해야 한다. 만약 동떨어진 아이디어라면 이러한 환경을 추가로 제시해 다시 아이디어를 받는 것도 하나의 방법이다. 가능하다면 주위 전문가, 멘토, 동료들에게 의견을 함께 구한다면 교차 검증을 통해 리스크를 낮출 수 있다.

반대의 경우도 가능하다. 내가 생각한 새로운 경영 의사결정 사항에 대해 AI에 먼저 질의해 보고, 보완 아이디어나 위험 요인을 확인해 보는 것이다. 이에 대해 가능하다면 회사 구성원들과 함께 회의해 최종 의사결정을 할 수도 있다.

참고문헌

김화영 · 김선경(2021). "중소기업 재직 리더가 경험한 리더십 방해요인 분석: 현상학 접근". 《한국심리학회지: 산업 및 조직》, 34(1), 127~152쪽.

중소벤처기업부(2025.2.2). "2023년 소상공인 실태조사 잠정결과 발표". https://www.mss.go.kr/site/smba/ex/bbs/View.do?cbIdx=86&bcIdx=1057002&parentSeq=1057002

최도영 · 이건창(2016). "불확실성을 수반한 경영의사결정 시 긍정-부정감성이 비즈니스 문제해결 창의성에 미치는 효과에 관한 뉴로사이언스 기반의 실증 연구". 《경영학연구》, 45(4), 1147~1172쪽.

Otis, N. et al.(2024). *The uneven impact of generative AI on entrepreneurial performance*. Harvard business school working paper, 24-042. https://www.hbs.edu/ris/Publication%20Files/24-042_9ebd2f26-e292-404c-b858-3e883f0e11c0.pdf

09
역할 플레이 파트너

혼자 결정을 내려야 하는 비즈니스 리더에게 AI는 더 이상 단순한 기술이 아니다. 고객, 투자자, 동업자, 비판자 등 다양한 역할을 수행하며, 당신의 의사결정 과정을 함께하는 전략적 파트너다. 이 장은 생성형 AI를 활용한 실제 사례와 함께 누구나 바로 적용할 수 있는 프롬프트 예시를 풍부하게 제시함으로써 '외로운 리더십'의 시대를 넘어 'AI와 함께하는 의사결정'의 가능성을 실질적으로 보여 준다.

AI와 화장품?

가상 소비자 AI

PICMET(Portland International Center for Management of Engineering and Technology)는 기술경영 학계의 저명한 국제 학술대회 중 하나다. 미국 오리건 주 포틀랜드에서 2024년 8월 개최된 학술대회에서 2개 세션의 좌장을 맡은 필자는 그중 한 세션에서 머리를 한 대 세게 맞은 것 같은 놀라움이 있었다. 한 발표자가 생성형 AI를 활용해 신재생 에너지 중 하나인 풍력발전소의 설치에 대한 지역 주민 수용도에 대해 모의실험을 하고 전략을 수립한 사례를 발표했다(Corbett et al., 2024).

발표자는 실제 지역 유력 전력 업체의 임원이었으며, 주민들과의 공청회에서 그들의 계획을 설명하고, 현장에서 아무런 자료 없이 대응하기보다 모의실험을 통해 어떠한 반응이 있을지, 전체적인 수용도 등은 어떠할지를 사전에 파악하고 설득을 위한 전략을 수립한 것이었다. 저자들은 해당 지역 주민들의 실제 프로파일들을 최대한 대변할 수 있도록 특성을 변수화해 가상 주민들을 엑셀 프로그램에 작성하고, 이를 생성형 AI에 업로드 후 말투의 톤, 인격, 문맥, 과업, 어조, 출력 형식, 예시로 구성된 프롬프트를 작성했다. 이 발표를 본 필자는 '이 접근을 비즈니스에 적용할 수 있겠다'라는 아이디어가 바로 떠올랐다. 이때부터 역할 플레이 파트너로서의 AI 활용에 대해 생각하게 되었다. 특히 스타트업이나 중소기업의 신제품, 신규 서비스, 랜딩 페이지 등에 대한 공략 고객의 모의 평가에 주목했다.

예비 창업자와 초기 창업자를 포함한 많은 리더는 새로운 제품 또는 서비스에 대한 시장에서의 반응을 가장 알고 싶어 한다(Cote, 2022). 공략 고객에게 장단점은 무엇인지, 사용 의향 또는 구매 의향은 있는지, 보완이 필요한 사항은 무엇인지 등 다양한 의견의 수집이 필요하다. 디지털과 친숙하고 역량이 높은 경우 랜딩 페이지를 만들고, 접속한 기록과 클릭 지점, 머무른 시간 등 다양한 정보를 수집하고, 방문한 고객에게 연락하는 등 다양한 접근을 할 수도 있다. 그러나 모두가 이런 역량을 보유한 것이 아니다. 오히려 소상공인, 지역 창업, 중장년 창업 등 다양한 영역에서 디지털에 익숙하지 못한 리더들이 대부분일 수도 있다(김혜나, 2024). 이럴 경우 AI를 통해 잠재 고객들의 평가 의견을 받아볼 수 있다.

간단하게는 잠재 고객의 특성을 부여해서 물어볼 수 있다. 예를 들어 다음 같은 프롬프트의 작성이 가능하다. "당신은 [한국]의 [35세] 직장인 [1인 가구] [여성] 소비자입니다. 제가 아래에 설명한 새로운 제품 또는 서비스를 처음 접했다고 가정하세요. [첫인상, 장점, 단점, 궁금한 점, 개선이 필요한 부분]을 솔직하게 답변해 주세요. 제품 설명 : [양식 광어의 신선한 횟감 필렛을 당일 생산 및 배송]". 여기에서 [ ] 안에 있는 내용은 필요한 사항을 반영해 자유롭게 변경이 가능하다. 같은 내용이라 할지라도 국가에 따라 반응이 다를 수 있다. 또한 지역, 학력, 소득 등을 포함한 다양한 요소를 포함할 수 있다. 제품 설명 부분에서는 홈페이지가 있으면 홈페이지 주소를 입력하면 더욱 좋은 결과를 얻을 수 있다. 이렇게 접근할 경우, 1인의 의견에 대해 수집이 가능하다.

코르벳 등(Corbett et al., 2024)의 접근처럼 MS 엑셀 또는 파이썬 프로그래밍을 통해 다수의 의견에 대해서도 수집이 가능하다. 엑셀 시트 내에 위의 [ ]에 해당하는 내용을 변수화하고, 랜덤 함수를 써서 인위적으로 할당해 다양한 가상의 소비자 프로파일을 생성해 실험할 수 있다. 파이썬 프로그래밍을 사용한다면 더욱 많은 수를 대상으로 실험이 가능하며, 이때 요구되는 프로그래밍도 챗지피티가 먼저 제안해 주기에 접근이 어렵지 않다.

반대로 먼저 본인의 새로운 제품이나 서비스를 설명하고, 이 제품에 적합한 고객을 설정해 달라고 한 후 이를 응용해 다양한 분석이 가능하다. 프롬프트 예시는 다음과 같다. "당신은 [신선 식품] 마케팅 권위자인 [뉴욕대학교 명예교수 Marion Nestle]입니다. 우리 제품은 [양식 광어의 신선한 횟감 필렛의 당일 생산 및 배송]입니다. 이 제품의 이상적인 공략 고객 페르소나를 다섯 가지 생성해 주세요. 각 페르소나에는 [이름, 나이, 직업, 관심사, 라이프스타일, 불편한 점, 우리 제품을 사용하려는 동기, 구매 여정, 구매 후 기대하는 효과]를 포함해 주세요. 각 페르소나는 서로 다른 세그먼트를 대표해야 합니다." 앞과 마찬가지로 [ ]는 변경 가능하다.

같은 회사라도 모델이 다양한 경우가 많다. 챗지피티를 기준으로 고급 추론에 유리한 o3 또는 4.5 등의 모델을 추천한다.

팔색조 AI

비즈니스 영역에서 AI의 역할을 조금 더 확장해 보자. 잠재 고객뿐 아니라 가상의 투자자, 동업자 또는 협력자, 악마의 옹호자(데블스 에드버킷, 비판적 관점으로 약점 지적) 등 역할도 가능하다. 패리와 로사니(Farri & Rosani, 2025) 또한 이러한 역할들의 수행이 가능함을 주장하고 있다. 다만 이들은 1:1 역할 관계뿐 아니라 1:N의 역할 관계까지 가능하다는 것을 제시하고 있지만, 이 책에서는 잠재 고객을 제외한 다양한 역할에서 기본적으로 1:1 역할을 기준으로 설명하고자 한다.

전문적인 투자자가 비즈니스 모델, 시장 기회, 재무 계획 등을 분석하고 평가해 비즈니스의 투자 가치와 위험 요소를 객관적인 시선으로 평가하고 조언을 해준다면 큰 도움이 된다. 특히 지역 소재 기업들은 투자자와의 미팅을 가장 큰 어려움으로 꼽는다. 2020년 이후 집행된 벤처 투자금 70%, 벤처 투자회사 90%가 수도권에 자리 잡고 있기 때문이다(머니투데이, 2024).

실질적인 방안으로 AI를 통해 사업계획서 작성 시 지원을 받을 수 있다. 예를 들어 "당신은 [Y Combinator 최고경영자 Garry Tan]입니다. 우리 회사를 소개하는 1분 스피치 문장을 만들어 주세요 : [제품], [국내외 시장 크기], [경쟁력] 정보 제공"과 같이 요청하면 핵심 문장을 확보할 수 있다. 회사와 제품 소개 자료가 있다면 파일을 올릴 수 있고, 랜딩 페이지가 있다면 URL을 제시해 맞춤형 결과를 얻을 수 있다. 평소에 조언을 받고자 했던 투자자가 있다면 AI에 구체적인 역할을 부여해 접근도 가능하다.

또한 피치덱 콘텐츠를 보완하는 데도 이용 가능하다. 예를 들어 자료를 올린 후 논리적 구조의 검토, 설득력 있는 표현, 투자자를 위한 복잡한 기술에 대한 쉬운 설명 등 초안을 다듬는 데 도움을 받을 수 있다. 피치덱에 대한 최종 검토 역할도 부여 가능하다. 투자자의 관점에서 이해가 어려운 부분, 흥미를 잃을 부분, 투자자가 투자를 주저하게 하는 부분, 투자자 입장에서의 질문 리스트 작성 등 비즈니스 리더가 미팅 10분 전을 가정하고 여러 가지 질문을 통해 자료의 보완을 할 수 있다.

공동 창업자 같은 동업자나 협력자의 역할도 훌륭하게 해낼 수 있다. 이들은 아이디어 브레인스토밍, 콘셉트 설명 정교화, 아이디어 검증을 위한 가설 도출, 경쟁사 정보 수집 및 요약, 시장 규모 및 트렌드 파악, 포지셔닝 및 차별화 전략 조언, 위험 요인 및 규제 점검 등 비즈니스 리더들의 운영을 위해 내부에서 필요한 다양한 요인들에 대한 부분들을 실시간으로 물어볼 수 있다. 예를 들어 "당신은 [응용 AI 분야]에서 여러 스타트업을 성공적으로 성장시킨 경험이 있는 연쇄 창업가인 [Molham Aref]입니다. 우리는 [AI를 활용한 콘서트, 스포츠 등 티켓의 실시간 입찰과 재판매]을 계획하고 있습니다. 향후 1년, 3년, 5년 계획을 포함한 포괄적인 사업 계획을 수립해 주세요. 제품/서비스 개발 로드맵, 시장 진입 전략, 마케팅 전략, 팀 구성 계획, 주요 마일스톤, 그리고 필요한 자금 규모와 용도를 포함해 주세요" 같은 프롬프트의 활용이다.

의도적으로 이의를 제기해 의사결정의 품질을 제고할 수 있는 악마의 옹호자 역할을 맡길 수 있다. 제품 전략이나 사업 계획의 약점을 지적해 준다. "당신은 여러 [마케팅] 전략을 엄격하게 분석하고, 숨겨진 위험 요소와 약점을 정확히 지적하는 악마의 변호사 역할을 맡은 비즈니스 전략 전문가입니다. 우리 회사의 신제품[제품명]에 대한 마케팅 전략은 다음 같은 주요 요소들로 구성되어 있습니다: [주요 전략 요소(예: 공략 고객 설정, 브랜딩 전략, 프로모션 채널, 가격 정책 등)와 구체적인 내용]. 이 전략이 실제 시장에서 직면할 수 있는 리스크, 논리적 모순, 고객 관점의 한계 등을 꼼꼼하게 검토하고, 항목별로 개선이 필요한 구체적인 이유와 대안을 함께 제시해 주세요." 같은 프롬프트의 활용이 가능하다. 또는 "[비즈니스 모델/제품 설명]에 대해 악마의 옹호자 역할을 해 주세요. 이 아이디어/제품/서비스의 가장 취약한 부분 5가지를 날카롭게 지적하고, 각 문제점에 대한 잠재적 해결책도 함께 제시해 주세요. 특히 고객 획득, 수익성, 확장성, 경쟁 우위, 시장 진입 전략 측면에서 비판적으로 분석해 주세요"도 좋은 예시다.

사실 프롬프트의 작성이 힘들 수 있다. 이럴 경우 맞춤형 프롬프트를 AI에 부탁해도 훌륭한 프롬프트를 작성해 준다. 한 예로, "당신은 프롬프트 엔지니어입니다. 공동 창업가로서 우리 회사 신제품의 콘셉트 설명을 정교화하게 해줄 수 있는 챗지피티용 프롬프트를 작성해 주세요. 프롬프트에는 조언자의 페르소나, 제품 정보, 기존 콘셉트 설명, 희망하는 강조 포인트 등 필요한 정보를 입력할 수 있어야 합니다"와 같이 작성을 요청하면 다음 같은 프롬프트를 제시해 주기도 한다. "당신은 소비재 시장에서 여러 스타트업을 성공적으로 키워낸 경험 많은 비즈니스 전략 고문 겸 공동 창업자입니다. 우리는 신제품 제품명[제품 이름]을 통해 [주요 기능 및 특징: 예, 혁신적인 기술과 사용자 친화적 디자인]을 구현하고, 공략 고객은 [대상 소비자: 예, 20~30대 직장인]이며, 시장에서는 [시장 동향 및 경쟁 상황: 예, 경쟁 제품 대비 우수한 가격대와 기능]을 보유하고 있습니다. 현재의 콘셉트는 [기존 콘셉트 설명 텍스트 입력]인데, 이에 대해 제품의 차별화 요소, 사용 편의성, 고객 경험, 시장 경쟁 우위 및 지속 가능성 등을 강조하는 방향으로 콘셉트 설명을 한 문단으로 정교하게 재작성해 주시기를 바랍니다."

위와 같이 AI는 팔색조의 역할로 비즈니스 리더를 시

의적절하게 도울 수 있다. 이제 리더는 더 이상 혼자가 아니다.

참고문헌

김혜나(2024.2.15). "뿌리부터 튼튼하게… 소상공인 자생력 강화해야". 《매일일보》. https://m-i.kr/news/articleView.html?idxno=1093402

이재훈(2024.8.25). "지역특화 투자회사와 벤처펀드가 필요한 이유". 《머니투데이》. https://news.mt.co.kr/mtview.php?no=2024082216171338819

Corbett, C. et al.(2024.8.1). *Power resilience planning under the threat of artificial intelligence*. PICMET. https://pdxscholar.library.pdx.edu/etm_fac/351/

Cote, C.(2022). How to conduct market research for a startup. Harvard Business School Online. https://online.hbs.edu/blog/post/how-to-do-market-research-for-a-startup

Farri, E. & Rosani, G.(2025). *HBR guide to generative AI for managers*. Harvard Business Review Press.

10
비즈니스 리더와 AI의 공진화

AI는 단순한 기술을 넘어, 전략적 사고를 함께하는 '생각 파트너'로 자리 잡고 있다. 비즈니스 리더와 AI의 공진화 과정을 통해 리더십과 의사결정, 창업 역량을 포함한 기업가 정신이 어떻게 변화하는지 조명한다. 특히 AI를 활용한 프롬프트 기반의 사고 구조화와 실행 방안은 다양한 리더들에게 실질적 도구로 작동할 수 있음을 보여 준다.

종교와 AI?

AI는 오늘도 발전한다

와튼 스쿨 교수인 몰릭(Mollick, 2024)은 AI는 사람의 동료, 코치, 공동 교사 등 우리 생활과 일터에서 함께할 수 있는 공동 지능(Co-Intelligence)으로 발전하고 있음을 주장했다. 그는 '오늘의 AI는 당신이 사용할 최악의 인공지능이다'라는 말을 남겼다. 즉, 기술은 빠르게 발전하고 있으며, 현재 사용 가능한 인공지능은 미래에 사용할 것에 비해 성능이 낮으리라는 것을 암시한다.

미국을 포함한 세계 각국은 하드웨어와 소프트웨어를 망라한 인공지능의 다양한 분야에 천문학적인 예산을 투자하고 있다. 2025년 4월, 필자는 미국 오리건 주 포틀랜드에서 출발해 캘리포니아 주 샌프란시스코, 로스앤젤레스, 샌디에이고를 다녀왔다. 실리콘밸리, 베이 지역으로 유명한 샌프란시스코 주요 지역에서 볼 수 있는 대형 간판들 모두 응용 AI를 포함한 AI의 물결이었다. 많은 기업은 이미 AI를 통해 활용도를 높이고 있다. 웨이모(Waymo)의 무인 택시에 탑승했던 경험을 기억해 보면, 현재는 운전자의 존재감 없이 운전하지만, 고객이 요구할 시 AI를 스피커, 마이크와 연동해 고객과의 대화, 토론, 학습, 놀이, 맛집 추천 및 예약 등 다양한 영역의 확장이 가능하다.

프로그래밍 영역에서도 불과 얼마 전까지만 해도 로코드(Low code)가 유행했으나 이제는 노코드(No code)가 떠오르고 있다. AI의 활용도 얼마 전까지만 해도 전문가들의 전유물이거나 관련 인력들의 효과적인 도구였으나, 2024년 말부터 미국의 유명 학자 및 전문가들은 AI가 일반인의 활용 영역으로 들어섰음을 주장하고 있다.

디지털 친숙도가 낮은 일반적인 비즈니스 리더들도 충분히 AI를 활용할 수 있다. 세상은 이미 변했다. 내가 AI에 다가가면, AI도 내게 다가올 것이다.

비즈니스 리더도 발전한다

비즈니스 리더들은 AI의 개념을 학습하고, 활용을 위해 노력한다. 이들은 기업의 성장을 위해 누구보다 빠르게 기술적 지식을 습득하고자 노력한다. 효과적인 의사결정을 위해 노력하고, 작은 것부터 실행하고자 시도한다. 적극적인 리더들은 AI와 인간 중심 의사결정 사이에서 균형점을 찾아가고자 노력한다. 이 책은 시각화, 마케팅, 데이터 분석 등 특수한 목적의 AI 도구 활용이 아닌 생각 파트너로서의 AI를 인정하고 활용해 보자는 것이다.

더 나아가 리더는 조직 내 디지털 전환에 대한 문화를

정착시킬 수 있다. 이 과정에서 AI를 포함한 새로운 기술을 전략적으로 도입할 수 있다. 2025년 3월 20일, 캐나다의 다국적 전자 상거래 기업인 쇼피파이(Shopify)의 CEO인 토비 루트케가 전 직원에게 보낸 메일이 유출되어 큰 반향을 불러일으켰다. 업무에서의 AI 활용을 기본 전제로, AI 사용 능력을 고과 평가에 반영하고, 신규 채용 시에도 AI가 할 수 없는 일에만 채용을 진행할 것이라는 내용이었다(Palmer, 2025).

AI에 의해 수도권과 비수도권, IT 산업과 비IT 산업 등 다양한 구분에 따른 성과 격차가 벌어질 수 있다고 생각할 수 있으나, 필자는 반대의 가능성에 주목한다. 자연어 처리 기술이 발전하고, AI에 대한 접근성이 수월해지고 있다. 초등학교 저학년인 나의 딸도 AI를 가지고 학습과 즐거움을 위해 이런저런 시도를 하며 수월하게 다루고 있다.

AI 시대에 비즈니스 리더들은 새로운 리더십 역량을 발전시켜야 한다. AI 기반의 의사결정을 포함해 AI 윤리에 대한 고민, 그리고 끊임없이 변화하고 발전하는 기술과 지식에 대한 습득과 적응이다. AI와의 의사소통 능력 또한 매우 중요하다. 어떻게 하면 AI가 잘 이해할 수 있을지 고민하며 소통에 노력해야 한다. 또한, 인간만이

가질 수 있는 공감 능력, 윤리적 잣대에 의한 의사결정, 첨단 지식의 기반한 질문 역량 등 고유의 역량이 중요해지고 있다. AI는 실시간 쏟아지는 지식에 대한 학습은 아직 힘들다. 또한 환각 현상(할루시네이션) 으로 틀린 정보를 맞는 것처럼 천연덕스럽게 대답하기도 한다. 최종 판단과 의사결정의 몫은 결국 리더의 몫이다. 높아진 생산성을 고유의 역량을 발전시키는 시간에 할애해야 한다.

이세돌 9단은 2025년 1월 공개된 인터뷰 영상에서 AI와 인간에 대해 다음 같은 통찰을 남겼다(지식인사이드, 2025). 비즈니스 리더들이 어떤 역량을 발전시켜야 할지, AI를 어떻게 활용해야 할지에 대한 힌트를 얻을 수 있다.

"누군가 제가 알파고에 패했고, 인공지능이 인간이 이길 수 없는 수준까지 올라갔을 때 이런 말씀을 하셨다. 당연히 지는 거다. 어떻게 사람이 컴퓨터를 상대로 바둑에 이길 수가 있는가? 컴퓨터가 나오는 순간부터 어느 시점이 되면 우리 인간은 당연히 질 수밖에 없었다. 그건 정말 조금도 중요치 않다. 컴퓨터는 바둑을 못 만든다. 바둑을 만든 존재가 인간이며, 여기에 가치가 있다. 바둑을 컴퓨터가 이긴다 한들 그것이 무슨 가치가 있겠는가? 이전에는 바둑을 잘 두는 사람이 중요한 시대였다면, 이제는 바둑을 만드는 사람이 중요한 시대다. 만들어진 것에서 잘하고 못하고는 이제는 그렇게 중요하지 않다. 바둑을 만들 줄 아는 사람이 필요하다."

비즈니스 리더와 AI의 공진화

서로 다른 두 개 이상의 종이나 시스템이 서로 영향을 미치며 상호 발전하는 것을 공진화라고 한다. 둘 의 관계에서 단순히 한쪽의 변화가 다른 한쪽에 영향을 주는 것이 아니라, 서로에게 영향을 주며 동시에 진화하는 과정을 의미한다. 진화생물학의 관점에서 시작한 이 개념은 경제 성장의 기반이 되는 기술과 산업의 상호 발전을 논할 때 쓰인다(Nelson, 1994). 비즈니스 리더와 AI의 관계 또한 공진화 중이며, 기업가 정신도 변화하고 있다.

비즈니스에서 AI의 가장 혁신적인 역할 중 하나는 공동 창업자로서 기업가의 새로운 파트너로 발돋움하고 있다는 점이다. 펜실베이니아 대학교 와튼 스쿨의 에단 몰릭 교수는 "AI는 여러분이 가장 잘하는 일에 더 집중할 수 있게 해주며, 그 외의 모든 일은 알아서 처리해 준다"라고 말했다. 이와 더불어 AI는 기업가 정신을 민주화하고 있다(Brown, 2024). 몰릭 교수는 "미국인의 3분의 1

이 사업 아이디어가 있지만 무엇을 해야 할지 모르기에 실행에 옮기지 않고 있다"고 했다. AI는 수많은 잠재적 비즈니스 리더들의 아이디어를 사업화하는 데 직접적인 도움을 제공하는 파트너가 될 수 있다.

런던 비즈니스 스쿨의 멀린스(Mullins, 2024)는 AI 생존을 위해 고군분투하는 리더들에게 위협이 아닌 도움을 줄 수 있다고 얘기한다. 특히 과거보다 더 많은 기업가를 탄생시킬 가능성이 매우 높으며, 과거 소기업에서 대기업으로 성장했던 것보다 더 빠른 속도로 지구상의 새로운 일자리 창출을 담당할 것으로 기대하고 있다.

AI는 과거 자원이 풍부한 조직에서만 사용할 수 있었던 기능들을 대중화하고 있다. 과거 전문 컨설팅을 받거나 프로젝트로 맡겨졌던 복잡한 기능들이 도서, 강의, 유튜브 등을 통해 독자적인 구현이 가능해지고 있다. 펜실베이니아 주립대의 킹과 간굴리(King & Ganguli, 2024)는 AI 도구를 통해 소규모 창업 기업들은 정교한 시장 분석에서부터 대규모 맞춤형 고객 참여에 이르기까지 다양한 작업을 가능케 하는 등 기존 기업과 자원이 부족한 스타트업 간의 경쟁의 무대를 평평하게 만들고 있다고 설명했다. 이러한 민주화 효과는 운영을 넘어 혁신 역량의 제고로 이어지고 있다. 비즈니스 리더는 생성형 AI를 통해 상상력과 사고력을 향상하고, 실행에 이르게 함으로써 기업가정신에 큰 영향을 미칠 수 있다.

성공적인 비즈니스 리더들의 프롬프트

필자는 개인적으로 많은 프롬프트를 소장했고, 챗지피티의 GPTs를 활용해 챗봇을 구축했다. 그중 쿡(Cook, 2023)이 제시한 사업계획서 작성 프롬프트를 기반으로 필자가 직접 챗봇에 구성한 내용의 일부를 소개한다. 비즈니스 리더들의 AI 활용을 응원하고 싶다.

이 프롬프트는 아이디어를 한 줄만 입력하면 부분별 필요한 정보를 리더에게 질문한다. 단계별로 수정이 필요한 사항들은 질의응답을 통해 나만의 사업계획서를 완성하고자 했다. 프롬프트는 영어로 입력할 시 더욱 좋은 답변을 얻을 수 있다. 가능하다면 구글 번역, 네이버 파파고, 디플 등 선호하는 서비스를 활용해 한글을 영어로 번역한 후 AI에 입력할 것을 추천한다.

"1. 사용자가 비즈니스 아이디어를 입력하는 언어로 출력 언어로 사용합니다.

2. 먼저, 사업 아이디어를 제시할 때 [ ]는 그대로 두고 아래 문단을 작성하고, 원하는 경우 수정할 수 있음을 알려주세

요. 수정 여부를 물어보세요. 내 비즈니스의 이름은[이름]이며 [공략 고객]에게 [제공하는 제품 또는 서비스의 유형]을 제공합니다. [수익 모델을 설명]해 수익을 창출합니다. 이 비즈니스는 [현재 관련성이 있는 비즈니스의 요소를 설명]하고 수익 또는 현금 상태가 [재무 상태를 설명]하기 때문에 좋은 위치에 있습니다. 지금까지[지금까지의 성과를 개략적으로 설명]하고 [앞으로의 계획을 포함]할 계획입니다. 이러한 정보를 사업 계획서의 첫 페이지에 명확하고 간결하게 설명할 수 있는 짧은 요약본을 작성하는 데 도움을 주실 수 있나요? 사업계획서에 원하는 어조(예: 전문적이고 직접적인 어조)를 채택하세요.

3. 사용자가 변경하지 않으면 그에 따라 진행하고, 변경한 경우에는 변경 내용을 바탕으로 사업 요약서를 작성합니다.

4. 사업 개요에 관한 내용입니다. 아래 단락은 [ ]는 그대로 두고 작성하며, 사용자가 원할 경우 수정할 수 있음을 알려주세요. 수정 여부를 물어보세요.

다음은 사업 계획서의 사업 개요입니다. [목표, 시장, 공략 고객, 제품 및 서비스, 시장 진출 경로]라는 제목의 섹션을 포함하도록 작성하세요. 비즈니스 목표는 [달성 기간 및 출구 계획] 내에서 [상위 3개 비즈니스 목표를 설명]합니다. 우리는 [특정 공략 고객의 인구 통계]를 제공하고 [비즈니스가 해결하는 주요 문제 설명]이라는 문제를 해결합니다. 저희의 제안은 [제품 또는 서비스를 설명]하고, [이에 대한 자세한 정보를 추가]하며, 수익 모델은 [수익을 창출하는 방법에 대해 자세히 설명]하는 것으로 구성됩니다. 마지막 섹션과 동일한 목소리 톤을 사용하세요."

분량 관계로 모두 소개하지 못했지만, 뒤에 영업 및 마케팅, 운영 및 관리, 재무 계획을 포함했다. 희망할 경우 챗지피티에 회원 가입 후 GTP 탐색에서 'Writing Business Plan with founders' form'으로 찾으면 무료로 이용할 수 있다.

필자는 각종 자료 작성, 학계 권위자들과의 토론, AI의 비즈니스 및 연구 활용, 국내외 기업들의 ESG 경영 사례 연구, 연구 논문 기반 콘텐츠 창출 등 다양한 목적의 챗봇을 만들어 나만의 생각 파트너와 늘 함께하고 있다. 이제 리더들의 시간이다. 생각 파트너 AI와 함께 비즈니스를 시작하고, 성장시키고, 지속 가능하게 경영하자.

참고문헌

지식인사이드(2025). 〈인간 중 유일하게 AI를 이긴 후 바둑을 포기해야 했던 이유. 지식인 초대석 EP.24(이세돌 전 바둑기사 2부)〉. Youtube.
https://www.youtube.com/watch?v=b1PN9Aywjco

Brown, S.(2024.1.17). How generative AI is changing entrepreneurship. MIT Sloan School of Management. https://mitsloan.mit.edu/ideas-made-to-matter/how-generative-ai-changing-entrepreneurship

Cook, J.(2023.8.4). 5 ChatGPT prompts to write your business plan. *Forbes*. https://www.forbes.com/sites/jodiecook/2023/08/04/5-chatgpt-prompts-to-write-your-business-plan/

King, K. & Ganguli, A.(2024). Impact of artificial intelligence(AI) on entrepreneurship. Pennsylvania State University Social Science Research Institute. https://evidence2impact.psu.edu/resources/impact-of-artificial-intelligence-ai-on-entrepreneurship/

Mollick, E.(2024). *Co-Intelligence: Living and working with AI*. Portfolio(Penguin).

Mullins, J.(2024.9.17). Is AI The Sucker Punch For Entrepreneurs Struggling To Survive?. *Forbes*.
https://www.forbes.com/sites/lbsbusinessstrategyreview/2024/09/17/is-ai-the-sucker-punch-for-entrepreneurs-struggling-to-survive/

Nelson, R. R.(1994). The co-evolution of technology, industrial structure, and supporting institutions. *Industrial and corporate change, 3*(1), pp.47~63.

Palmer, A.(2025.4.7). Shopify CEO says staffers need to prove jobs can't be done by AI before asking for more headcount. CNBC.

https://www.cnbc.com/2025/04/07/shopify-ceo-prove-ai-cant-do-jobs-before-asking-for-more-headcount.html

천동필

국립부경대학교 기술경영전문대학원 교수다. 한국과학기술원에서 기술경영 전공 공학박사 학위를 취득했다. 국립부경대학교 기업가및창업정신교육센터 센터장(2022. 9~2024. 3)과 스타트업얼라이언스 지역스타트업생태계네트워크 자문위원(2024. 1~12), LH 제16기 사회가치 분야 기술심사평가위원(2024. 3~2025. 3)으로 활동했다. 현재 한국창업학회 상임부회장, 한국관리회계학회 상임이사, 한국중소기업학회와 한국경영교육학회 창업벤처 분과의 편집위원, 한국연구재단 기술 금융 분야 전문위원으로 활동하고 있다. 지속 가능 경영, 창업과 비즈니스 모델, 디지털과 AI 전환, 혁신 전략 등의 주제를 연구하며 SSCI, SCI(E) 등급 저널을 중심으로 국내외 우수 학술지에 80편 이상의 논문을 게재해 2024년 교육부 학술진흥표창을 받았다.